Déroulède, Paul

*Paul Déroulède à Champigny-la-Bataille :
propagandes : 1882-1912*

PAUL DÉROULÈDE

PROPAGANDES

1882-1912

AUX BUREAUX DE LA LIGUE ET DU DRAPEAU
2, Rue de Valois — Paris (1ᵉʳ)

PROPAGANDES

1882-1912

DU MÊME AUTEUR :

PAUL DÉROULÈDE
A CHAMPIGNY-LA-BATAILLE

PROPAGANDES

1882-1912

AUX BUREAUX DE LA **LIGUE** ET DU **DRAPEAU**

2, Rue de Valois — Paris

CHANT DE GUERRE

Nous les vaincrons ! Nous les vaincrons !

Dix contre un comme des larrons
Ils nous ont volé la victoire.
Un contre un nous les reverrons.....
Nous reverrons aussi la gloire.
Allons, Peuple abreuvé d'affronts,
Qu'on boucle sacs et ceinturons !
Voici la guerre expiatoire

Nous les vaincrons ! Nous les vaincrons !
    Sonnez la charge, clairons !

Nous les vaincrons ! Nous les vaincrons !

Pour ces princes et ces barons
Nous sommes peuple de roture.....
Eh bien ! nous nous anoblirons !
La mort fera l'investiture !
De pourpre nous nous vêtirons,
Nos balles seront nos fleurons,
Notre devise : « Feu qui dure ! »

Nous les vaincrons ! Nous les vaincrons !
    Sonnez la charge, clairons !

Nous les vaincrons ! Nous les vaincrons !
Ah ! petits soldats sans chevrons !
Fusils neufs et bravoures neuves.
Au feu nous vous éprouverons.

Ce seront de rudes épreuves.
Mais, morts ou vifs, nous coucherons
Ce soir-là, dans les environs
Du vieux Rhin, le fleuve des fleuves!

Nous les vaincrons! Nous les vaincrons!
　　Sonnez la charge, clairons!

Nous les vaincrons! Nous les vaincrons!

Les éclairs ne sont pas si prompts,
La foudre n'est pas si soudaine
Que l'élan dont nous poursuivrons
Leurs soldats fuyant dans la plaine.
Regardez-les, nos escadrons,
Sabrant les casques et les fronts!
Regarde, Alsace! Vois, Lorraine!

Nous les vaincrons! nous les vaincrons!
　　Sonnez la charge, clairons!

Nous les vaincrons! Nous les vaincrons!

O Dieu juste! nous t'implorons,
Dieu du salut et des naufrages!
Quand l'homme tient les avirons,
C'est ta main qui tient les orages;
Et les projets des fanfarons
Tu les traverses, tu les romps,
Mais tu soutiens les vrais courages!

Nous les vaincrons! Nous les vaincrons!
　　Sonnez la charge, clairons!

PROPAGANDES

EXTRAITS ET FRAGMENTS

DES

Discours de Paul Déroulède

16 Décembre 1882.

En présence de l'étranger qui nous guette, de l'étranger qui vit au milieu de nous et qui nous espionne, nous devons être sur nos gardes, nous rapprocher et nous unir. Heureusement que les patriotes ne manquent pas en France; grâce au mouvement de régénération et de défense nationale qui s'est produit et qui s'organise, grâce aux sociétés de tir et de gymnastique qui se multiplient de jour en jour, la Patrie française reverra encore ses jours de grandeur; l'heure viendra où elle ramènera sous son drapeau tous ces milliers de cœurs que les destinées ont temporairement arrachés de notre grande famille à la réorganisation de laquelle nous devons tous travailler de toutes nos forces et de tout notre cœur.

1.

Décembre 1883.

Mes chers camarades, anciens et vaillants défenseurs de la Patrie envahie, fidèles gardiens de la Patrie menacée, et vous tous bons Français et bonnes Françaises qui êtes venus saluer avec nous les tombes de nos frères tués à l'ennemi, soyez remerciés !

Soyez remerciés, non pas seulement pour le culte que vous rendez aux morts, mais pour la persévérance de vos souvenirs et la constance de vos espérances !

Non, l'âme de la France n'est pas ensevelie dans les tombes glorieuses de ces martyrs ; non, la vaillance n'est pas morte, non, la nation ne veut pas, ne doit par mourir.

6 Décembre 1884.

Dans un langage des plus élevés, et avec toute l'ardeur de sa foi patriotique, Déroulède remercie l'assistance de sa présence au pied du monument de Champigny, de ce monument qui rappelle la mort héroïque de tant de braves qui ont succombé sous les balles prussiennes. Il félicite les jeunes légions de gymnastes qui pour-

suivent toutes un même but : le relèvement de
la Nation.

Il termina sa chaleureuse allocution par cette
dernière phrase soulignée de longs bravos et
d'enthousiastes acclamations : « Le vote de nos
frères protestataires de là-bas n'a été qu'un long
cri de : Vive la France ! Répondons-leur à notre
tour par un cri d'espoir et de dévouement : Vive
l'Alsace-Lorraine ! vive la Patrie indépendante ! »

Décembre 1885.

Le Président de la Ligue des patriotes a fait
appel aux sentiments d'indépendance de la
nation, déclarant qu'après quinze ans, il était
honteux et puéril d'inquiéter constamment le
pays de ce que peut bien penser l'étranger.

« D'ailleurs la L. D. P. est seule responsable
de ses paroles et de ses actes, et où le gouvernement français n'a rien à voir, le gouvernement
prussien n'a rien à dire. »

6 Décembre 1887.

Déroulède, après avoir invité les patriotes de tous les partis, tous les Français qui mettent au-dessus de tout le maintien de l'honneur national, à se féliciter avec lui de l'événement de la veille (1), ajouta :

« Les glorieux morts qui reposent sous ces pierres ne s'offenseront pas de cette joie, car l'élection d'hier a véritablement été un acte de défense nationale. La politique d'expansion et de compensation coloniale, imposée et dictée par l'Allemagne a été refoulée hier dans la personne d'un homme qui se laissait docilement mener par Bismarck.

« De cette défaite est né le triomphe d'un Français et d'un républicain de vieille race, le petit-fils du grand Carnot, l'organisateur de la victoire.

« Ce nom est à lui seul un fier souvenir et un heureux présage.

« Le quatrième président de la République française, M. Sadi-Carnot, n'est pas seulement un citoyen intègre, un homme de science et de travail, c'est un patriote.

« C'est avec Gambetta un des cent sept protestataires de Bordeaux qui n'ont jamais signé le traité de Francfort, et l'un des premiers signataire de la L. D. P.

----

(1) L'élection de Sadi-Carnot à la présidence de la République.

« Et maintenant, apaisons nos cœurs, reconnaissons hautement que le Parlement tout entier a fait son devoir et souhaitons de grouper à jamais la nation et l'armée en ces trois cris qui doivent être à l'heure présente tout notre ralliement national :

« Vive la France ! vive la République ! vive l'Alsace-Lorraine. »

9 Décembre 1888.

Paul Déroulède commence son discours en se réjouissant de voir la grande image de la Patrie planer au-dessus de toute cette admirable manifestation.

Il dit que rien n'est plus touchant que cet innombrable cortége spontanément organisé par la reconnaissance populaire venant saluer là, chaque année, la mémoire de ces milliers de Français morts pour la plus sainte et la plus noble des causes : la défense de la Patrie, l'intégrité du territoire, l'indépendance, la vie même de la Nation.

Il déclare que, selon lui, dans la coalition formée contre la France, l'Italie était de tous nos ennemis le moins acharné ; le peuple italien ne hait pas la France, c'est le gouvernement italien seul qui cherche à susciter cette guerre fratricide. Le président de la Ligue rappelle la venue en France des volontaires italiens de 70. Il rappelle récemment encore les déclarations au congrès irrédentiste de Milan d'un groupe important de patriotes sympathique à la France, et souligne enfin l'attitude fidèlement amie d'un grand journal démocratique italien, le *Secolo*.

Il demande aux Français de ne pas se hâter de haïr les Italiens. D'abord nous n'avons pas assez de haine en France pour en faire deux et puis ce serait faire acte de mauvaise et fâcheuse politique que de diriger nos colères et nos vigilances du côté des Alpes quand tout le danger nous viendra des Vosges.

Bien plus, il demande que, dans le cas d'une guerre avec l'Italie, la France ne recommence pas la faute de l'Autriche en 1866, qu'elle ne divise pas ses forces, mais qu'elle les porte toutes du côté et en face du véritable ennemi. A quoi nous serviraient un Custozza ou un Lissa en Italie, si, pendant ce temps-là, nous sommes vaincus par les Allemands? Même dans le cas peu probable, mais possible, où l'Italie serait d'abord toute seule à nous déclarer la guerre, n'attendons pas que la Prusse survienne huit ou dix jours après, comme cela doit avoir lieu, mais sachons résolument reconnaître que l'envoyeur est derrière l'envoyé, que le maître est derrière le commissionnaire et attaquons-nous immédiatement à lui, courons aux Vosges!

Que si la déclaration de guerre de l'Italie et de l'Allemagne est simultanée, là encore notre ligne de conduite doit être la même, contentons-nous de laisser un corps d'observation sur les Alpes sans y chercher de batailles ni de victoires et, encore une fois, et toujours, courons aux Vosges.

Car quand nous aurons battu l'Italie, nous n'aurons battu que l'Italie, et quand nous aurons battu la Prusse, nous aurons battu tout ensemble la Prusse et l'Italie.

Après avoir exposé ces diverses idées, Déroulède dit que la masse des hommes d'une nation peut véritablement être classée en deux groupes : ceux qui disent à tout : « A quoi bon ! » ceux qui disent malgré tout : « Quand même ! »

A quoi bon ! c'est la résignation morne, triste, indifférente et peureuse qui conduit à toutes les déroutes, à tous les malheurs, sinon à toutes les hontes.

Quand même ! c'est la résistance à tous les dangers et à toutes les oppressions, c'est le relèvement de toutes les chutes, c'est l'honneur toujours sauvé, si ce n'est pas la victoire toujours acquise.

Soyons donc tous les hommes de *Quand même !* comme l'ont été les héroïques combattants de Champigny et non jamais les hommes de l' « A quoi bon ! »

Déroulède termine en disant que, quant à lui, certain quand même de la délivrance de son pays, confiant quand même aussi bien dans la vaillance de notre armée que dans le patriotisme et dans la sagesse du suffrage universel, il crie quand même : « Vive la République ! Non pas la République parlementaire, mais la République Nationale ! Oui, vive la République nationale pour que vive la France ! »

2 Décembre 1889.

Ceux qui pieusement sont morts pour la Patrie
Ont droit qu'à leur cercueil la foule vienne et prie ;
Entre les plus beaux noms leur nom est le plus beau,
Toute gloire auprès d'eux tombe et passe éphémère,
    Et comme ferait une mère,
La voix d'un peuple entier les berce en leur tombeau.

PATRIOTES,

Vous connaissez tous cette admirable stance de notre grand Hugo.

Telle est l'invocation, tel est le texte sur lequel je veux parler. Il importe, en effet, que toute préoccupation politique, que toute rancune personnelle, que toute préférence particulière se taise devant ce monument uniquement consacré à l'héroïsme des défenseurs de la Patrie.

Je l'ai dit plus d'une fois, mais je ne saurais trop le redire, ils n'étaient pas tous de la même opinion, ces soldats du drapeau tricolore tombés ici sous les balles prussiennes, mais ils étaient tous de la même race, de la même nation, du même devoir.

Tant pis pour qui viendra jeter du haut de ces pierres sacrées un cri de discorde, tant pis pour qui oubliera, en présence de ces grands souvenirs, le respect dû à nos héros et à nos martyrs!

Pour nous, mes chers camarades, pour mes amis et pour moi, une seule pensée obsède et possède nos cœurs : rendre un digne hommage à ceux qui se sont fait tuer pour la France; les donner comme exemple à ceux qui auront un jour à mourir pour elle!

Voilà pourquoi nous sommes ici, toujours fidèles, toujours émus, aujourd'hui comme il y a dix ans.

Et ce n'est pas pour un vain apparat, que mes collègues et moi avons tenu à venir assister à cette cérémonie funèbre revêtus de nos insignes de représentants du peuple, non! C'est avant tout, c'est surtout pour honorer nos morts, que nous portons ici sur nos poitrines cette écharpe aux trois couleurs qui nous semble en vérité un lambeau même du drapeau autour duquel ils ont combattu, autour duquel nous nous rallierons tous quand viendra le jour des combats libérateurs. Car vous le savez, n'est-ce pas, bien au-dessus de notre attachement aux vivants, si inébranlable qu'il soit, bien au-dessus de nos doctrines mêmes, plane le regret et le remords des provinces perdues, et le vrai titre auquel nous aspirons, c'est d'être un jour les libérateurs, après avoir été toujours les défenseurs de la Patrie !

Aussi, au milieu même du tumulte de nos querelles intérieures, il est un bruit qui domine pour nous toutes les autres rumeurs (1).

Le grincement des roues des canons allemands en marche sur les routes de notre Alsace et de notre Lorraine, car c'est, hélas! là qu'ils sont aujourd'hui ! C'est de là que partira, bientôt peut-être, le premier coup de feu tiré contre la France.

Il faut que ce premier coup de feu nous trouve prêts ; il faut que, loin de redouter l'iniquité d'une nouvelle agression, il faut que nous l'envisagions comme une chance certaine de justice et de délivrance !

Oui, oui, j'en ai l'espérance! J'en ai la conviction! J'en ai la foi ! La France reviendra aux Français et l'Allemagne, libérée elle-même avec nous du joug de l'empire du milieu, remettra la Prusse en Prusse !

Ne redoutons pas, ne repoussons pas cette échéance. Il serait indigne d'un grand peuple comme le nôtre de remettre toujours aux générations futures, le devoir des générations présentes.

Voilà dix-neuf ans que la conquête nous a mutilés. C'est à nous tous, c'est à nous seuls, Français, arrivés aujourd'hui à l'âge viril, qu'il appartient de reconstituer le patrimoine de nos

---

1) La France était en pleine période électorale.

pères, tel que nos pères nous l'avaient légué.

Dieu merci, en dépit de nos divisions et de nos dissensions, le sentiment national est resté intact. Je n'étais pas, vous le savez, et je crois vous l'avoir dit ici-même, il y a deux ans, je n'étais pas sans inquiétude sur les conséquences dissolvantes de notre Exposition universelle. J'avais peur de voir renaître parmi nous, au lendemain de cette grande kermesse cosmopolite, les énervantes doctrines de la fraternité des peuples; j'avais peur que la famille d'Abel n'oubliât le crime de Caïn.

Mais non, non, notre grande victoire sur le champ du travail a pu un instant charmer nos yeux et servir nos intérêts; elle n'a détourné ni nos cœurs, ni nos esprits de l'inéluctable nécessité d'une autre victoire sur le champ de bataille; notre contact avec l'étranger a été ce qu'il devait être : aimable et cordial pour quiconque n'était pas hostile, taciturne et réservé, digne et fier pour l'ennemi.

Non, l'Exposition universelle n'a pas germanisé la France! Non, la France des ouvriers, la France des travailleurs, la France du peuple n'a pas fraternisé avec l'Allemagne.

Nous avons su garder intact à travers ces fêtes le sentiment rédempteur qui effacera bien des fautes et bien des hontes : le sentiment national.

Bien plus, dans ce Parlement même dont je ne veux pas apprécier ici la politique, j'ai eu la joie, au cours de ces invalidations iniques que je n'apprécierai pas davantage, j'ai eu, dis-je, la joie, la grande joie de sentir passer à certaines heures un souffle de patriotisme et d'indignation pour peu qu'un des candidats heureux ou malheureux eût osé jeter à son adversaire le reproche d'être allemand de fait ou de cœur.

Ne désespérons donc pas, ne désespérons jamais de la Patrie. Les gouvernements passent, les ministères tombent, la Nation reste.

Cette nation, elle est aujourd'hui tout entière sous les armes. Elle a dans ses rangs de jeunes et vaillants sous-officiers pour l'encadrer, elle a à sa tête un admirable état-major pour la conduire. Espérons et veillons.

Quant à moi, si grand et si sincère que soit mon dévouement à la République, ce n'est pas elle que je veux acclamer sur ces tombes ; c'est la France, la grande France qui, toute meurtrie qu'elle est encore, reste toujours la source du progrès et la mère des peuples. C'est elle que je salue, c'est elle que je sers, c'est elle que j'aime avant tout.

Et c'est avec Gambetta que je m'écrie : « Patriote, je ne connais pas de plus beau titre ! » et c'est avec Hugo que je chante encore l'hymne funéraire :

> Gloire à notre France éternelle,
> Gloire à ceux qui sont morts pour elle,
> Aux martyrs, aux vaillants, aux forts,
> A ceux qu'enflamme leur exemple,
> Qui veulent place dans leur temple
> Et qui mourront comme ils sont morts !

30 Novembre 1890.

.   .   .   .

Les pierres sur lesquelles nous parlons ne constituent pas une tribune où l'on peut affirmer ses préférences politiques; elles recouvrent des morts qui ne sont tombés, ne nous lassons pas de le redire ni pour l'empire, ni pour la royauté, ni même pour la République, mais pour la Patrie.

.   .   .   .

Décembre 1891.

De Janvier 1892, à Décembre 1898, Paul Déroulède se retira dans sa propriété de Langely. Il s'y livra à de sérieux travaux agricoles, dont il se délassa par un retour aux lettres, c'est à cette époque que parurent successivement :

Les refrains militaires.
Messire Du Guesclin.
La mort de Hoche.
La plus belle fille du monde.
Les chants du paysan.

Cependant, le 4 Décembre 1897, à Champigny, Marcel Habert donna lecture de la lettre suivante de Paul Déroulède, retenu à Paris par un deuil de famille :

« Mon cher ami, au milieu de mon grand deuil, la séance d'hier a été pour moi une véritable joie patriotique.

Le chef de l'armée s'est enfin décidé à parler au soldat, nettement, clairement, formellement.

La conscience publique est soulagée d'un poids mortel.

L'éloquence et la vaillance d'Albert de Mun, la logique de Millerand, l'énergie de Pierre Richard et la vôtre, y sont, je le sais, pour beaucoup, et même, cette fois, la volonté de la Chambre qui a forcé à parler un gouvernement de muets.

Mais peu importe par quels moyens le silence a été rompu.

La parole décisive a été dite, elle sera entendue : elle n'est plus désormais discutable. »

7 Décembre 1898.

« Bons Français et vous, vaillantes Françaises, qui n'avez été ni découragés, ni arrêtés, ni même lassés par vingt-huit années d'attente vaine et de protestation sans résultat, soyez remerciés pour être venus « quand même » renouveler aujourd'hui sur ces tombes votre serment de foi française et de loyauté patriotique.

« Certes, quand on pense qu'il y a plus d'un quart de siècle que nos frères morts sont restés sans vengeance et nos frères prisonniers sans délivrance, une immense tristesse s'empare de ceux qui croyaient que le désastre ne serait qu'une éclipse, la conquête qu'une passagère séparation, et que la résurrection de la gloire allait suivre de bien près la distribution de nos nouveaux drapeaux, gage éclatant de l'armement définitif de la nation.

« Là est la douleur, là est le deuil, et, pour quiconque est directement responsable de la dispersion de notre sang et de nos forces en guerres lointaines, là est la honte et le remords.

« Mais aussi, quand on pense — contemplant l'autre face des événements — quand on pense que c'est également, après plus d'un quart de siècle que vous voilà ici, non moins fervents qu'à la première heure, plus nombreux de beaucoup qu'aux premiers anniversaires, alors les fronts se relèvent, les regards se raniment, les mains frémissent comme les cœurs, devant cette admirable, devant cette persévérante énergie de l'âme populaire.

« Oui, l'âme populaire ! Voilà vingt-huit ans qu'elle est tout, qu'elle fait tout, suppléant à elle seule au profond désarroi des hommes et des choses.

« Que de fois nous l'avons vue planer au-dessus des assemblées politiques comme au-dessus des assemblées judiciaires fortifiant les consciences indécises, éclairant les consciences obscurcies, exigeant et obtenant que la France fût défendue et que ses ennemis fussent châtiés.

« Puissante et redoutable, elle n'en est pas moins restée jusqu'ici patiente et généreuse. Et il n'est pas une marche vers le progrès, pas un retour vers la fierté, pas un arrêt sur la pente de l'humiliation ou du déclin qui n'ait été l'œuvre de son élan ou de sa résistance.

« Tandis que l'âme mesquine et compliquée des égoïsmes littéraires ou scientifiques, des calculs financiers ou politiques s'égare en vaines subtilités et en fausses hypothèses, l'âme populaire, elle, va droit au but et, d'un souffle, elle arrache le voile bariolé du mensonge qui dérobe aux yeux de quelques égarés de bonne foi cette évidente vérité qu'il n'y a plus en présence que deux partis : le parti de l'étranger et le parti de la France. Et l'âme populaire n'hésite pas, elle est toujours et partout du parti de la France.

« C'est elle qui a jadis refusé et qui refuse encore de ratifier le traité de Francfort en dépit des signatures des parlementaires et des intrigues des politiciens ! C'est elle qui a eu la pieuse pensée de pavoiser la statue de Strasbourg pour opposer aux fluctuations de nos impuissants diplomates le symbole de marbre de sa volonté. C'est elle qui, consciente de son intérêt et de sa dignité, est allée chercher par delà les sept fleuves et à l'autre bout de l'Europe la fiancée de ses rêves sans même savoir si les accordailles auraient lieu ; résolue en tout cas à ne jamais unir la famille des martyrs avec la famille des bourreaux et à repousser comme un sacrilège et comme une désertion l'alliance allemande.

« Ah ! le peuple ! le peuple de France ! Il en est de plus résistants que lui aux fatigues du corps, il en est de plus ingénieux que lui à tirer profit de ses ressources morales ou matérielles ; il en est de plus soumis aux lois de l'Etat ; il n'en est pas de plus dévoué, de plus tenace, de plus héroïquement obstiné à tout supporter, et à tout tenter pour ce qu'il croit être le bien de la nation et le service de la Patrie.

« Quelle union alors dans la défense nationale ! Quel coude à coude du pauvre et du riche, de l'humble et du puissant, du fort et du faible ! Quel cœur à cœur des hommes et des femmes quand flotte au vent le drapeau des batailles et que la Patrie est en danger ! Aussi, vienne la guerre, et le courage viendrait, j'en suis sûr, j'en atteste, comme tous les autres orateurs, les glorieux morts de Champigny. Mais j'en atteste aussi leur héroïsme, hélas ! inutile, ce n'est pas tout que de savoir se faire tuer, il faut savoir ne pas se faire battre; ce n'est pas tout que de savoir mourir, il faut savoir vaincre, et cette science-là, il n'est encore meilleure école pour l'apprendre que la caserne et que l'armée.

« Moi aussi, j'ai été volontaire en 1870-71, moi aussi j'ai vu les prodiges de valeur et les miracles d'énergie d'une nation vaillante mais non préparée, j'ai admiré les sublimes efforts de troupes improvisées mais non organisées, et le résultat qui a, comme on nous le disait, été l'honneur sauf, n'en a pas moins, hélas! été finalement le territoire mutilé et l'écrasement national. C'est pourquoi, contrairement à ceux qui ont parlé avant moi et qui n'ont peut-être pas connu comme moi l'armée et la guerre, je viens vous dire du haut de ces tombes :

« —'N'ajoutez pas foi aux doctrines des rêveurs et des utopistes qui vous parlent au hasard de la levée en masse. Méfiez-vous des fanatismes sincères autant que des fanatismes salariés. Quiconque préconise l'affaiblissement de notre force militaire; quiconque porte atteinte à la discipline de nos soldats et s'essaie à discréditer nos chefs, celui-là, conscient ou inconscient, est, en fait, une sorte d'agent de l'étranger, prépare la défaite et attire l'invasion. (Bravo, à bas les traîtres !)

« Je ne veux pas entrer dans l'examen des circonstances douloureuses sur lesquelles je n'ai pas besoin de donner mon avis pour que tout le monde le connaisse et pour que beaucoup, j'en suis sûr, l'approuvent et le partagent, mais j'envisagerai avec vous la situation du pays telle qu'elle est et je ne craindrai pas d'affirmer que si l'on juge d'un crime, non par l'intention, mais par le mal commis, la pire, la plus malfaisante trahison, c'est encore en vérité, la campagne odieusement ou follement menée depuis un an contre l'armée et par cela même contre la France. Regardons ensemble la cruelle période que nous venons de vivre, considérons-la, non dans ses causes, mais dans ses effets.

« A l'intérieur? des dissensions qui confinent chaque jour aux guerres civiles ; tous les intérêts généraux suspendus ou entravés ; les transactions industrielles et agricoles, commerciales et financières, languissantes ou paralysées; le comptoir ou l'atelier atteints; les banqueroutes succédant aux faillites ; Paris et la France mis à l'index de l'Europe comme un repaire d'anarchistes et d'émeutiers.

« A l'extérieur!... hélas ! à l'extérieur!... la grande France absente, pour ne pas dire plus; le drapeau voilé, pour ne pas dire pis.

« Et c'est à pareille heure, qu'après avoir tenté d'arracher l'épée de la main de nos meilleurs généraux ; après avoir tout fait pour désorganiser nos états-majors, des insensés ou des misérables ne songent à rien moins qu'à réduire au minimum le nombre et l'instruction de nos soldats. Quel vertige ! quelle faute, et même pourquoi ne pas le dire : quelle trahison !

« Je m'arrête, Messieurs, ne voulant ni dénoncer ni accuser personne. Mais si ce monument funèbre n'est pas un prétoire de justice où l'on condamne ; si ce n'est non plus une tribune parlementaire d'où l'on lance des appels politiques et des programmes de réforme, au moins est-ce vraiment un sanctuaire patriotique du haut duquel il ne saurait m'être défendu de supplier les vivants au nom des morts.

« Oui, patriotes, citoyens, soldats, ouvriers, femmes et jeunes gens, vous tous et vous toutes, pieux pèlerins de ce pèlerinage sacré, aidez-nous à enrayer la déchéance militaire vers laquelle on pousse la France. Mettez-vous avec nous en travers de ce nouvel attentat contre la sûreté de la patrie, qui aboutirait à réduire d'une année de service et d'un contingent de 200.000 hommes l'effectif nécessaire de nos forces nationales, et cela, je le répète, au moment où l'intensité des périls extérieurs n'a jamais été si grande.

« C'est, je ne l'ignore pas, une lourde sujétion que trois ans de présence sous les drapeaux.

« Cependant, il faut faire plus que de consentir à ce sacrifice, il faut le réclamer comme une sauvegarde. Il n'est pas de petite propagande, pas de petits efforts, pas d'humbles protestations qui ne puissent concourir au but commun.

« Faites preuve tout ensemble d'esprit militaire et d'esprit national.

« L'un ne va pas sans l'autre à l'époque menaçante que nous traversons.

« Les pervertisseurs de conscience espèrent vous séduire en vous faisant entrevoir la diminution des charges militaires comme le résultat premier de leurs criminelles menées, répondez-leur qu'ils vous offensent et qu'ils vous exposent ; ils espèrent vous égarer en vous prêchant leur impossible fraternité des peuples, répondez-leur qu'ils aient à s'occuper d'abord de leurs frères français, dont nous ne séparons pas, nous, nos frères de l'Alsace et de la Lorraine.

« Alerte, braves gens ! Faites le guet pour le pays. Soyez les sentinelles du peuple. Veillez sur l'idée de patrie que renient chaque jour les sectaires de l'internationalisme ; veillez sur le maintien intégral de votre armée qui reste l'espérance de la République et qui sera le salut de la nation.

« Patriotes de France, prenez garde à vous !

« Vive l'armée ! Vive la République ! A bas les traîtres !... »

---

2 Décembre 1900.

Déroulède, alors proscrit, adressait à Henri Galli la dépêche suivante :

« Mon cher Galli,

« Dites bien à nos amis de Paris, dites bien aux pèlerins de Champigny-la-Bataille que je n'oublie ni nos deuils, ni nos espérances, ni nos devoirs. »

2.

4 Décembre 1901.

La lettre suivante fut lue sur le monument :

« Patriotes, de près comme de loin je partage vos deuils et vos espérances. Ma peine est grande de ne pouvoir être aujourd'hui parmi vous. Mais sur la tombe de nos héroïques victimes de 1870, j'ai tenu à répéter, par la voix d'un ami, mon serment d'inébranlable fidélité à l'Alsace et à la Lorraine. Tant que je vivrai, tant que je pourrai agir, écrire et penser, je ne renoncerai jamais, ni à la vengeance des morts, ni à la délivrance des vivants.

« Il faut que Metz et Strasbourg redeviennent français ! Il faut que la France redevienne la France ! Ce n'est pas seulement pour la gloire de la République que ce devoir doit être accompli, c'est pour son honneur. « Vive la patrie ! Vive l'armée ! et vive aussi, vive surtout, comme le criaient les patriotes de Valmy au soir de notre première victoire républicaine: Vive la nation ! »

2 Décembre 1903.

Le vice-président de la Ligue donne lecture de la lettre suivante que lui a adressée Paul Déroulède de Saint-Sébastien :

« Fiers et vaillants pèlerins de Champigny-la-Bataille,

« En face de ces tombes sacrées, en présence de cette foule pieusement et uniquement française, ce n'est pas l'homme politique, ce n'est même pas le républicain qui vient mêler sa voix lointaine au chœur patriotique de vos milliers de voix.

« C'est le soldat de 1870, c'est le frère fidèle de notre Alsace et de notre Lorraine qui, avec vous tous et avec vous toutes, croyants et croyantes en l'immortel grand devoir, pousse ces trois cris de ralliement :

« Honneur à l'armée ! Respect au drapeau ! vive la patrie ! »

Décembre 1905.

Vaillants et vaillantes camarades, car vous aussi, chères Parisiennes, vous méritez à plus d'un titre cette appellation militaire qui convient mieux que toute autre aux pèlerins de Champigny-la-Bataille.

N'est-ce pas, en effet, le culte du drapeau qui nous rassemble, et ne constituons-nous pas tous et toutes, patriotes ligués ou non, une véritable petite armée de volontaires qui, clairons en tête, coude à coude, et cœur à cœur, apportent chaque année, sur ces tombes, l'hommage de leurs regrets inconsolés pour les frères morts, l'attestation de leur inébranlable fidélité pour les frères séparés.

Il est sans doute douloureux, sans doute humiliant de penser que trente-cinq mortelles années se sont inutilement écoulées depuis ces tristes jours; mais c'est une fière consolation que ce soit trente-cinq ans après nos malheurs qu'une telle manifestation de deuil et d'espérance se produise encore.

Il n'y avait qu'un peuple comme le peuple français pour tenter, au lendemain de Sedan, le sublime effort de la défense nationale; il n'y a que la population parisienne pour avoir maintenu pendant un tiers de siècle sa patriotique protestation. On a souvent dit que Paris était le cerveau de la France; il est non moins juste de dire qu'il en est aussi le cœur, le cœur ardent et généreux, bon et tendre, compatissant aux souffrances, reconnaissant des dévouements: nul ne le sait mieux que moi. Ce qui n'empêche pas certaines gens de lui reprocher son inconstance, ce qui n'en empêche pas d'autres de l'accuser ou, ce qui est pis même, de le féliciter d'avoir perdu le préjugé de la patrie.

Les déclamations des rhéteurs.

Ah ! camarades ! Quelle muette et éloquente réponse à ces internationalistes conseilleurs d'oubli et de lâcheté que votre innombrable présence à cette fête funèbre, si longtemps après les funérailles ! Quel démenti à leurs théories, affirmant que les masses populaires n'aiment la France que d'un amour conditionnel, mesuré à la part de bien-être qu'elle leur donne, calculé comme un dividende au prorata des profits qu'on en peut tirer.

Comme votre générosité native, comme votre instinctive passion confond et démolit tous ces sophismes des rhéteurs qui s'évertuent à nous faire une France à leur image ! Comme elles apparaissent vaines et fausses toutes ces déclamations de ces renégats du devoir qui s'imaginent conquérir l'approbation et mériter les suffrages de la plus chevaleresque, de la plus brave, et, disons le mot, de la plus guerrière,

sinon de la plus militaire nation du monde, en
lui conseillant de mettre bas les armes, de déchirer ses drapeaux et de fuir à toutes jambes,
devant l'invasion. Il semble, en vérité, que ce
soit sur ces tristes personnages et pour eux que
notre immortel Hugo a écrit ces vers :

O drapeau de Wagram ! O pays de Voltaire !
Puissance, liberté, vieil honneur militaire,
Principe, fierté, droit, ils font en ce moment
De toute cette gloire un vaste abaissement !

Grâce à Dieu l'abaissement est en eux seuls,
et la bassesse qu'ils s'essayent à faire pénétrer
dans les cœurs ne dépasse pas leurs lèvres. Est-
ce que ce sont des égoïstes, est-ce que ce sont
des ingrats, est-ce que ce sont des calculateurs,
ces hommes, jeunes ou vieux, que j'ai là devant
moi ?

Où est-il l'intérêt matériel de tous ces fils du
peuple de Paris, qui, prélevant sur leurs maigres
ressources le prix de ce voyage et les frais de
cette journée de déplacement, sont accourus en
foule au pied de ce monument honorer les morts,
protester contre la conquête, et envisager d'un
œil ferme les devoirs virils et sanglants que la
défense de leur indépendance et de leur sol im-
pose aux peuples qui ne veulent pas dispa-
raître ?

Les amis de l'étranger.

Ce n'est pas parce que c'est une perte de territoire et de prestige, une diminution de force et
de domaine que vous pleurez encore sur l'Alsace
et sur la Lorraine ; c'est parce que c'est un remords de conscience et un deuil de famille. Et
d'ailleurs, que venez-vous chercher ici, chers
Français, sinon des exemples de courage et d'ab-
négation ? Qu'y venez-vous contempler, sinon le
rayon de pure gloire qu'en ces trois journées de
Champigny, où il gagnait sa croix de légion-
naire, Paris vaincu mais vaillant allumait au
front de la France ? Qu'y venez-vous écouter
enfin, sinon des paroles de fierté, des exhorta-
tions au sacrifice et à l'énergie, des hymnes
d'amour pour la nation, des actes de foi en l'éter-
nité de la patrie ?

Ah ! cette patrie, que les internationalistes espèrent vous voir oublier, comme vous l'aimez !
Comme vous la placez au-dessus de vos intérêts
personnels, de vos opinions mêmes ! Ce n'est
aucun de vous, vrais Français, qui, quelles que
soient vos préférences politiques, tiendriez jamais le langage épouvantable tombé hier même
en plein Parlement de la bouche d'un des représentants les plus autorisés du parti internatio-
naliste.

Ce n'est pas vous, qui, tout imprégnés, comme
je le suis moi-même, des souvenirs de 92, au

milieu desquels rayonnent les Hoche et les Mar-
ceau, les Kléber et les Desaix, ce n'est pas vous
qui oseriez dire qu'il n'est qu'un roi qui puisse
faire la guerre heureuse, que la République est
condamnée à la paix ou à la défaite, impuissante
à relever le drapeau, incapable de lancer des armées victorieuses à la frontière. Mais tous les sans-
patrie auront beau dire, ils ne nous feront pas
plus douter de la République que de la Patrie.

Non! le peuple de France n'ouvrira pas ses
portes à l'étranger! Non, il ne désertera pas et
ne laissera pas déserter ses drapeaux, et le jour
où apparaîtra à la frontière l'empereur allemand
incité, sinon invité à nous envahir par ces étran-
ges fils de notre grande Révolution qui ne s'appelle pourtant pas la Révolution internationale,
mais la Révolution française, oh! alors, malheur,
trois fois malheur aux amis de l'étranger!

Deux solutions.

Au milieu de ces sombres appréhensions où
nous force de vivre l'état troublé de l'Europe,
l'heure n'est pas aux longs discours, mais c'est
l'instant des explications catégoriques.

A la crise grave que nous traversons, il n'y a
que deux solutions : agenouiller la France devant l'Allemagne, ou appuyer la France sur l'Angleterre.

Ceux qui nous prêchent une troisième attitude,

qui consisterait à n'être ni avec l'une ni avec l'autre, et à nous exposer ainsi à l'inimitié de toutes les deux, sont bien aveugles ou bien coupables.

Bien aveugles s'ils ne voient pas l'évidence du danger qu'il y aurait pour nous dans l'isolement; bien coupables si, voyant le danger, leur anglophobie sacrifie à de stupides rancunes traditionnelles la sécurité même de la France.

Assurément oui, l'Angleterre servira ses intérêts en servant les nôtres, mais c'est précisément là ce qui fait la solidité du seul accord européen qui puisse suspendre, peut-être définitivement, retarder un peu en tous cas et repousser victorieusement, quand elle aura lieu, la brusque agression de l'empereur allemand.

Car il ne faut pas nous leurrer : la guerre que rêve de nous faire Guillaume II nous sera déclarée à la japonaise, ou ce qui revient au même, à la prussienne ; déclaration à 5 heures, invasion à 6. Il faut s'y attendre ; il faut même l'admettre sans épouvante. Les leçons de 1870 ne doivent pas être perdues pour nous. Si l'armée française s'était repliée sur Paris après Reischoffen, tout pouvait être encore sauvé. L'emplacement du champ de bataille importe moins que le choix d'un bon terrain stratégique.

Mieux vaut être vainqueur en-deçà de la frontière que vaincu au delà. Mais l'émotion de la France sera cruelle, et il n'y aura pas trop de tout le sang-froid de ce grand Paris pour la calmer. De l'attitude de la capitale dépendra l'élan ou l'abat-

tement du pays tout entier, et la capitale aura à
faire bonne garde autour des fauteurs de trouble
et des semeurs de panique.

Face à l'ennemi.

On a souvent parlé des cris de : « A Berlin! »
poussés en 1870 ; c'était là sans doute une très
stupide jactance ; mais on n'a pas assez parlé,
on ne parlera jamais trop des cris de : « Vive la
paix ! » poussés après la déclaration de guerre et
vociférés d'un bout à l'autre des boulevards sur
le passage des troupes : « Vive la paix ! » lorsque
le canon gronde, « Vive la paix! » lorsque les
soldats sont en marche, autant dire : « Vive la
défaite ! Place à l'invasion ! Jetez vos armes et
livrez la France ! » Non ! patriotes, si la guerre
vient à éclater, vous ne crierez pas follement :
« A Berlin ! » mais vous crierez : « Au drapeau !
Face à l'ennemi ! »

Quant aux tueurs de courage qui entremêlent
toujours aux cris de : « Vive la paix! » la cla-
meur pire encore de: « Nous sommes trahis ! »
c'est à vous d'arrêter sur leurs lèvres, à vous de
faire rentrer dans leurs gorges, ces ignobles
litanies de la peur qui ont pour dernier verset :
« Sauve qui peut! »

Que les glorieux survivants de Champigny-la-
Bataille, à qui j'ai coutume de rendre un plus
direct, plus long hommage, me pardonnent de

n'avoir pu retenir l'explosion, non de mes craintes, mais de mes angoisses : qu'ils me pardonnent également, les héroïques martyrs qui reposent sous ces pierres !

Aussi bien ceux qui m'entendent de là-haut et ceux qui m'écoutent d'ici bas savent bien que c'est uniquement ma passion pour la France qui a fait monter tout mon cœur jusqu'à mes lèvres, et que c'est cette même passion qui me fait répéter, redire encore, redire toujours : « Vive la Patrie ! Vive l'Armée ! Vive la République ! »

Décembre 1906.

Patriotes, vaillantes Françaises et bons Français, dont l'innombrable présence autour de cet ossuaire me cause tant d'émotion, une émotion si consolante, soyez remerciés de votre fidélité à ce douloureux et glorieux pèlerinage.

Il y a un an que, vous et moi, nous nous étions rencontrés ; il y a un an que vos regards n'avaient croisé mes regards, que nos cœurs n'avaient battu à l'unisson. Et ce qui me touche et m'émeut, me récompense et me fortifie, c'est de voir ici tant de nouveaux visages à côté des visages amis et connus ; c'est de voir tant de jeunes femmes et tant de jeunes gens à côté des soldats d'hier et d'aujourd'hui ; c'est de voir enfin et de sentir que les générations nouvelles continuent les générations précédentes et que l'idée de patrie et de devoir, vainement attaquée, revit encore et se perpétue en un éternel recommencement de foi nationale.

Ce n'est pas aujourd'hui, dans les circonstances actuelles, que je diviserai les Français en groupes et en fractions, en factions et en ennemis. Non, non ! Ceux qui aiment la France sont ici et vous n'êtes ici que parce que vous aimez la France !

Quant à moi, j'apporte sur ces tombes le sacrifice de mes opinions et de mes rancunes personnelles ; j'apporte à ces morts l'affirmation de mon immuable, de mon inlassable dévouement pour le relèvement de la patrie. Certes, si je me laissais aller aux sentiments que vous m'inspirez, au désir même que vous semblez avoir de m'entendre, j'en aurais beaucoup, j'en aurais trop à dire. Or, selon moi, et, j'en suis sûr aussi, selon vous, ce n'est pas l'heure de discourir.

Depuis l'an dernier, de grands événements intérieurs se sont accomplis ; depuis cette dernière semaine, de graves événements extérieurs sont peut-être en chemin.

Quelques mots imprudents pourraient servir les intérêts et les menées d'une diplomatie habile à dénaturer les textes et à travestir les rôles, et ces mots-là, ce n'est pas à moi de les prononcer.

Aussi bien, si l'Allemagne a ici, parmi nous, quelques-uns de ces observateurs qu'elle aime à consulter au retour de nos manifestations patriotiques, ils en auront déjà assez appris pour faire savoir à leur empereur combien l'amour de la France est toujours vivace au fond des cœurs, et combien irréductible la protestation du droit contre la force.

Oui, vive l'Alsace-Lorraine ! Vive notre France, et pour que toute notre France vive : Vive l'Armée !

Sûr d'être votre interprète, j'envoie, du haut de ces tombes, notre triple salut aux marins de notre flotte, défenseurs et gardiens de l'honneur du drapeau, au jeune et vaillant roi d'Espagne, dont les vaisseaux vont accompagner les nôtres, et enfin, avec vous, mères Françaises, aux petits patriotes polonais qui se refusent à parler allemand.

Décembre 1907.

Patriotes, le 3o Novembre et le 2 Décembre 1870, dans cette inoubliable suite de luttes épiques et disproportionnées qu'on appelle les batailles de la Marne, dont le rude combat de Champigny reste une des phases les plus brillantes, donnèrent vaillamment les troupes que je vais énumérer devant vous. Si longue qu'en soit la liste, j'ai la certitude que ce dénombrement ne saurait paraître fastidieux à des patriotes tels que vous.

Vous comprendrez tous, j'en suis sûr, que j'aie
à cœur de faire défiler un instant dans vos pen-
sées, en les évoquant par leur numéro ou par
leurs appellations, tous ces fiers régiments dont
le souvenir est resté gravé dans ma mémoire
reconnaissante. Car, de tous ceux que je vais
citer, il n'en est pas un seul qui n'ait subi de
graves pertes sur ces champs de bataille, pas un
qui n'en ait fait subir de plus cruelles encore à
l'ennemi. Mais, en dehors de leur chiffre, je ne
citerai aucun nom, aucun chef, aucun officier.
Non par oubli ni par dédain, mais parce qu'en
une pareille commémoration, il me paraît équi-
table et juste de confondre, en une même action
de grâces les martyrs les plus humbles comme
les plus illustres, et de saluer ici d'un hommage
collectif cette masse anonyme des fils du peuple
dont le trépas obscur rayonne de gloire sur la
France entière, et qui meurt sans se plaindre
pour l'immortalité de la Patrie.

Gloire aux vaincus !

Je citerai tout d'abord, dans leur ordre numé-
rique, le 35ᵉ et le 42ᵉ, le 107ᵉ et le 108ᵉ, et du
numéro 113 au numéro 126, les treize autres
régiments d'infanterie de ligne de la première
et de la deuxième armée de Paris. Puis le
4ᵉ Zouaves, toute l'artillerie divisionnaire, les
trois compagnies du génie, les sections de fusi-

liers marins et, avec eux et à côté d'eux, les mobiles de la Côte-d'Or et de l'Ille-et-Vilaine, du Loiret et du Morbihan, de la Seine et de la Seine-Inférieure, de Seine-et-Marne et de la Vendée; enfin aussi, pour n'oublier personne, nos bataillons de gardes nationaux mobilisés, les Éclaireurs de Paris, et la Légion des Amis de la France. C'est à tous ces divers contingents de troupe, pour la plupart inexpérimentés, que revient l'honneur des deux journées du 30 Novembre et du 2 Décembre. Ce sont elles qui ont, par trois fois, repoussé les Prussiens, elles qui ont failli vaincre et qui, faute de victoire, nous ont du moins transmis un héritage de vertus civiques et militaires où nous puisons aujourd'hui encore nos raisons d'espoir et de foi dans un avenir vengeur et réparateur.

Le rêve Allemand.

C'est là, c'est sur ces coteaux et dans ces plaines disputées pied à pied, que sont tombés morts ou blessés 450 officiers et que 12.000 soldats français ont généreusement versé leur sang pour la délivrance de Paris, pour la défense de l'Alsace-Lorraine, pour l'honneur du drapeau. Gloire à eux malgré leur défaite! Gloire à eux pour leur bravoure, pour leur dévouement, pour leur sacrifice, et honneur à vous, Français et Françaises, qui n'avez jamais cessé de rendre hommage et justice au courage malheureux de vos défenseurs de 1870.

Oui, à vous honneur et merci, hommes et femmes, vieillards et jeunes gens, pour qui les années ont passé sans amener l'oubli, honneur à vous dont l'immuable protestation maintient le droit de la France contre les usurpations de la Prusse et qui prolongez, par votre inébranlable constance, cette idée de la justice immanente dont parlait Gambetta et qui, fidèlement transmise par vous à vos fils et à vos neveux, rallie et ralliera toujours, au milieu même de nos dissensions politiques, tout ce que notre chère France compte de patriotes dans les rangs de tous les partis.

Vous n'êtes certes pas les seuls à penser comme vous pensez, mais vous n'en êtes pas moins ceux et celles qui manifestez avec le plus d'éclat votre énergique passion pour la grandeur et pour le relèvement de la patrie vaincue et mutilée.

Et sachez-le, ce n'est pas votre seul pays que vous servez, c'est l'Europe entière. Le jour où Paris aurait pactisé avec les insolents vainqueurs du Danemark, de l'Autriche et de la France, c'en serait fait non pas seulement de notre dignité nationale, mais de l'indépendance du genre humain, asservi alors sans conteste à cette suprématie mondiale qui était le rêve du vieux Bismarck et qui est encore la perpétuelle visée de son grand disciple Guillaume II.

Un pacte funeste.

Vous êtes, sans le savoir peut-être, les dernières sentinelles du Droit ; vous êtes aussi, sachez-le, les plus utiles défenseurs de tous les intérêts matériels du Pays Français. En rendant impossible, par vos généreuses rancœurs, l'apparition et l'orgueilleuse promenade de l'empereur d'Allemagne de par les rues de notre capitale jadis brûlée et affamée par son grand-père, vous faites plus et mieux qu'un geste de dignité, vous accomplissez un acte de préservation et de salut. Vous faites plus et mieux que de donner au monde l'exemple d'une nation qui sait se souvenir ; vous êtes une nation qui sait prévoir et qui sait se défendre.

Parisiens et Parisiennes au cœur vaillant, c'est vous qui, plus efficacement que les plus patriotiques populations des autres grandes villes, c'est vous qui, par votre répulsion pour l'ennemi vainqueur, avez puissamment contribué à détourner de nos usines et de nos ateliers, de nos comptoirs et de nos banques, le fléau dévastateur de l'Union douanière allemande, de ce fameux Zollverein, dans lequel on essaie depuis quinze ans de nous englober et qui, sous son nom pacifique, n'en est pas moins un véritable traité de conquête et d'annexion.

Quel réveil au lendemain de la signature d'un pareil pacte ! Avec quelle rapidité s'ensuivraient

la ruine de notre main-d'œuvre, l'abaissement
de nos salaires, l'anéantissement de notre com-
merce, l'écrasement de nos finances et de notre
industrie. Par le mal économique que nous fait
déjà la concurrence des produits allemands,
même quand ils ne font que filtrer à travers les
douanes françaises, jugez de l'effet désastreux
que produirait à brève échéance l'inondation de
ces mêmes produits coulant à robinet ouvert,
sans contrôle et sans droit d'entrée sur notre
marché national! Aussi, de même que tous nos
efforts doivent tendre à épargner à la France la-
borieuse cette suprême vassalité, tous les efforts
de l'Allemagne pangermaniste tendent sans re-
lâche à nous l'imposer.

C'est ainsi que nous voyons l'empereur allemand et ses divers chanceliers faire succéder les
flatteries aux menaces, nous montrer tour à tour
des mains doucereusement tendues et des épées
dangereusement aiguisées.

Le péril marocain.

A l'heure même où nous parlons, il est aisé
de voir, pour qui sait regarder, quel rôle
joue la diplomatie prussienne dans cette très fâcheuse affaire marocaine. Après avoir mis un
obstacle au pacifique condominium franco-espa-
gnol, tel que l'avait préparé le ministre Delcassé,
tel que l'avait accepté l'Angleterre, voilà les

Allemands qui nous excitent à ne pas nous laisser arrêter par l'acte d'Algésiras, à y passer outre et à nous engager dans une expédition jusqu'au cœur du Maroc.

Et cependant, soyez-en sûrs, les balles qui blessent ou qui tuent, là-bas, dans les sables d'Afrique, nos braves soldats et nos valoureux officiers, ces balles-là ne sont pas toutes fondues dans le désert, et les guides des colonnes d'invasion qui insultent notre frontière algérienne, n'appartiennent pas tous à l'état-major marocain.

Quand nous serions lancés — si nous nous y lancions — dans une expédition qui disperserait nos forces et troublerait notre mobilisation continentale, les pourparlers comminatoires seraient aussitôt repris par le cabinet de Berlin, et c'est avec deux couteaux sur la gorge que nous aurions à délibérer sur la question de savoir si nous voulons, oui ou non, passer pieds et poings liés au service de la Prusse, renier nos droits, abandonner nos amis et desservir tous les intérêts de la France au seul profit des intérêts de l'Allemagne.

J'ai dit ailleurs, et bien souvent et bien haut, ce que je pense du régime parlementaire et des gens qui sont au pouvoir. Je ne me crois pas le droit et je ne me sens pas le besoin, fût-ce pour vous expliquer mon attitude, de le répéter ici, mais si je supplie l'opinion publique de ne pas s'égarer, de ne pas s'exciter, de ne pas s'émouvoir outre mesure d'incidents de guerre douloureux à coup sûr, mais non pas désastreux, ce n'est pas pour venir en aide à des hommes d'Etat qui ne méritent en eux-mêmes aucune pitié, c'est pour éviter, s'il en est encore temps, de mettre la France, notre France bien-aimée, dans la cruelle alternative ou d'avoir à signer avec l'empereur allemand cette capitulation sans bataille, cette alliance dégradante et ruineuse qui est depuis si longtemps l'objectif de sa politique générale, et qui doit être, par cela même, l'objet de notre inquiétude, de notre crainte et de notre aversion nationales.

Garde à vous.

Puissent donc les représailles nécessaires être rapides ; puissent-elles rester limitées, puissent-elles aussi ne pas dégénérer en une guerre réelle ni même en une campagne dont la durée et l'extension seraient, à elles seules, un danger. Rappelez-vous et rappelons-nous le mot de Bismark affirmant que l'Allemagne verrait d'un bon œil l'extension de la France dans les pays barbaresques. Rappelez-vous la guerre de Mandchourie pour nos amis russes, et songez que toute politique coloniale ne peut et ne doit jamais être qu'un lendemain de victoire et que le complément d'une politique continentale prépondérante.

Il faut, en outre, que l'attitude nouvelle de

l'Autriche dans la question polonaise, et que l'âge avancé du vénérable empereur François-Joseph nous fassent réfléchir et nous arrêtent sur la pente des diversions inopportunes.

C'est parce que l'Allemagne a tout intérêt à nous précipiter hors d'Europe que notre premier devoir est de nous obstiner à n'en pas sortir.

Voilà trente-sept ans.qu'en dépit des fluctuations de sa politique intérieure, la nation française reste fidèle à la plus noble, à la plus généreuse, à la plus légitime aspiration d'un peuple démembré.

Ce serait, en vérité, nous rendre coupables de la pire et de la plus honteuse des défections que de nous mettre volontairement hors d'état de jeter le poids de nos boulets dans la balance des destinées européennes.

L'heure des remaniements territoriaux peut sonner d'un instant à l'autre, il importe qu'elle nous trouve les mains libres et les mains armées.

Aussi bien, est-ce que l'Allemagne désarme, elle? Est-ce que vous n'entendez pas, de l'autre côté des Vosges, les marteaux de ses enclumes forger le fer à coups redoublés; les roues de ses moulins broyer la poudre nuit et jour? Est-ce que ce bruit seul ne vaut pas tous les clairons du monde pour nous sonner le garde à vous?

Alerte! Français, alerte! Ne nous laissons pas surprendre, et nous aussi, soyons prêts! Et nous aussi aiguisons nos épées, et faisons-le avec d'autant plus de vigilance et d'activité que les sans-patrie se sont efforcés d'en émousser la pointe et d'en ébrécher le tranchant! Aiguisons-les, les épées vengeresses, non sur les rocs lointains du mont Atlas, mais sur les tombes de nos morts, sur les pierres de l'Arc de Triomphe outragé, sur les murailles noircies de Bazeilles, sur les remparts inviolés de Belfort!

En haut les cœurs! Debout les hommes! Vive la France! Vive l'Alsace-Lorraine!

Décembre 1908.

PATRIOTES,

Pour la première fois, depuis trente-huit ans, j'ai joyeusement gravi ce calvaire de Champigny-la-Bataille; pour la première fois, je suis monté sur la tombe de nos morts en ayant au cœur un sentiment d'allégresse. Et ce n'est pas seulement votre innombrable cortège qui me réjouit; les bons Français et les bonnes Françaises que vous êtes me donnent chaque année, depuis longtemps, le réconfortant spectacle de leur immuable fidélité à ceux de nos frères qui se sont fait tuer pour la Patrie aux jours néfastes de l'Année terrible.

Cette superbe manifestation de votre patriotisme me touche toujours jusqu'au fond de l'âme,

mais elle ne me surprend pas, tandis qu'il y a eu
du nouveau et même du renouveau depuis que
nous nous sommes vus ici l'an dernier.

Le renouveau de la France.

En vérité, oui ! la face de la France s'est renou-
velée. Le visage de tristesse et de résignation,
d'humilité et d'inquiétude avec lequel elle avait
supporté jusqu'ici les menaces, les flatteries, et,
pour dire le mot, l'offensante maîtrise de nos
vainqueurs, ce visage-là a disparu Nous avons
vu réapparaître, toute rayonnante d'indignation
et de fierté, la noble et généreuse figure de notre
France d'autrefois, de cette France qui a jadis si
follement prodigué son sang pour l'affranchisse-
ment des nations voisines et qui se montre enfin
prête à le verser utilement pour sa propre libération, pour son propre honneur, pour ses propres intérêts et pour la reprise de son rang parmi
les peuples.

C'est en effet tout cela qu'il s'agira de défendre
et de reprendre dans la guerre future, dans la
guerre inévitable et, ne craignons pas de le dire
nettement, dans la guerre beaucoup plus pro-
chaine que ne se l'imaginent et que ne s'évertuent
à nous le faire croire messieurs les pacifistes, ces
parents timides de nos antimilitaristes éhontés.

Il faudrait vraiment être aveugle ou aveuglé
pour ne pas voir monter à l'horizon ce soleil

rouge. Notre premier refus d'obéissance est un premier pas sur la route de l'indépendance. Or, nous avons commis là un crime de lèse-Allemagne. Aussi, après les multiples et diverses tentatives faites pour nous river à son char de gré ou de force, en dépit ou en raison même de leur avortement, l'orgueilleux empereur ne saurait manquer de revenir à la charge et, soyez-en sûrs. il ne se tiendra pour battu que quand nous le battrons.

Les provocations germaniques.

Rappelez-vous l'accumulation des provocations germaniques depuis 1905. L'insolent débarquement de l'empereur allemand à Tanger, les outrageants articles de toute sa presse officieuse nous interdisant de choisir nos alliés et nous menaçant d'un châtiment exemplaire si nous passions outre; le renvoi, l'inoubliable et inqualifiable renvoi du sage et prévoyant ministre Delcassé, chassé du pouvoir sur un ordre venu de Berlin; la réunion contrainte et forcée de la conférence d'Algésiras et enfin, en première ligne quoique en dernier lieu, l'inique et impudente querelle à nous cherchée à propos de notre légitime protestation contre l'agence allemande de désertion fonctionnant officiellement à Casablanca. Notre impérial oppresseur n'est-il pas allé jusqu'à nous faire un grief d'avoir osé reprendre les soldats qu'il faisait voler? Oui, rappelons-nous tout cela, Français et Françaises, et demandons-nous en bonne logique si tous ces essais périodiques pour nous remettre le joug sur le front n'ont pas pour unique but de nous abaisser à nos propres yeux comme aux yeux des autres nations et de déprimer du même coup, avec nos forces de résistance personnelles, la confiance et la fermeté de nos alliés. Demandons-nous si toutes ces manœuvres ne sont pas le prélude de quelque brusque attaque à main armée.

J'ignore sous quelle forme se produira le conflit, mais, n'en doutez pas, il est en marche. La reculade du Nabuchodonosor, changé cette fois en mouton, a été trop prompte pour n'être pas promptement suivie d'un retour offensif. Aussi, quelque heureux qu'ait été pour nous le résultat de notre vigoureuse attitude dans la dernière crise, ne nous berçons pas dans une béate satisfaction de nous-mêmes. Ne nous laissons pas endormir par le calme apparent de l'adversaire.

Suivons d'un œil attentif les péripéties de la nouvelle comédie que joue en ce moment le comédien de Potsdam.

Notre ami, mais notre maître.

Nul homme de bon sens et de bonne foi ne peut croire et n'oserait affirmer que le dernier mot soit dit dans l'interminable querelle que les Prussiens nous cherchent depuis quinze ans.

Ah! oui, sans doute, si nous consentions à placer la République française sous le protectorat de l'empire d'Allemagne ; oui, si nous acceptions d'être une colonie germanique taillable et corvéable à merci ; oui, si nous nous résignions à être des Dahoméens ou des Tonkinois de race blanche ; si, capitulant sans bataille, nous nous laissions encercler dans quelque Zollverein nous astreignant à ouvrir tous nos marchés aux productions et aux spéculations industrielles, commerciales et financières des pangermanistes triomphants, et si, ne travaillant réellement plus que pour le roi de Prusse, nous ruinions de gaieté de cœur les ouvriers et les patrons français au seul profit des patrons et des ouvriers allemands, ah! assurément oui, l'ennemi héréditaire nous laisserait vivre en paix, satisfait qu'il serait de nous voir vivre en servitude, et Guillaume II se montrerait, comme il le dit parfois, le meilleur de nos amis, à condition d'être notre maître.

Il me paraît superflu de demander à des Français s'ils sont partisans, pour eux-mêmes, de ce rétablissement de l'esclavage. Et cependant, ce n'en est pas moins en réalité cette domination et cette exploitation de la France que l'Allemagne cherche et veut obtenir à tout prix, tout comme, ce n'est rien de moins, je le répète, que notre indépendance, notre fortune, nos gagne-pain, et notre existence même qu'il nous faudrait, qu'il nous faudra bientôt défendre à tout prix, fût-ce au prix du sang.

Une légende à détruire.

Que qui en doute lise et relise le récent discours prononcé au Reischtag par l'hypocrite et
cauteleux continuateur de la politique de Bismarck, S. E. le prince de Bulow. Il semble que
l'on entend parler quelque apache du grand
monde indiquant le coup à faire et la maison
à dévaliser. « Les affaires vont mal en Allemagne, a dit en substance M. le chancelier, mais
elles vont bien en France. L'Allemagne est pauvre, mais la France est riche. A bon entendeur,
salut! »

Eh bien! mes amis, il faut qu'il y ait de bons
entendeurs aussi de ce côté du Rhin. Il faut que
le geste de bravoure que vient de faire la nation
entière et Paris en tête, en réponse aux dernières
provocations allemandes, se continue et s'achève
en acte de bravoure. Il faut que le refus de servitude se transforme en une acceptation résolue
du devoir libérateur. Croyez-moi, ce serait nous
laisser berner comme des enfants que de ne pas
deviner que le tribunal d'arbitrage n'est qu'un
moyen dilatoire pour le roi de Prusse, afin de
préparer davantage son armée et de réparer,
tant bien que mal, ses lourdes fautes. A l'heure
même où nous parlons, à la faveur de tous ces
conflits ottomans ou serbes, bulgares ou tchéques,
et sous le couvert de tous les pourparlers diplo-

matiques, un véritable complot pangermaniste se trame contre nous, contre nous tout autant que contre l'Angleterre.

Car il faut en finir avec cette légende qui nous montre l'Angleterre nous excitant contre l'Allemagne. Ce qui nous excite, ce sont les atteintes incessamment portées à notre indépendance, ce sont les perpétuelles menaces dirigées contre notre sécurité nationale. C'est aussi, c'est surtout, nous ne le nierons pas, le regret, l'ineffaçable regret des provinces perdues.

Voilà d'où nous vient l'ardent et légitime besoin de déchirer le traité de Francfort avec cent fois plus de raison, cent fois plus d'intérêt, cent fois plus de justice que n'en a eu hier l'Autriche pour déchirer le traité de Berlin.

Que l'Angleterre se soit dit qu'elle pouvait profiter pour elle-même de cet état d'esprit qui est le nôtre depuis trente-huit ans, quoi de plus naturel? Ne comptons-nous pas profiter pour nous-mêmes du nouvel état d'esprit qui est devenu le sien depuis ces dernières années? Il n'y a là de part et d'autre aucune surprise, aucun piège, aucune pression, il y a identité d'intérêt, réciprocité de services: chacun y trouve son compte et personne n'est dupe.

La question n'est pas de savoir à qui profiterait le plus la victoire, la question est de s'organiser pour se défendre et pour vaincre ensemble.

Le murmure de l'Europe.

L'Angleterre ne veut pas être ruinée par ses concurrents d'outre-mer, nous ne voulons pas l'être davantage par nos concurrents d'Outre-Rhin. L'Angleterre ne veut pas être réduite à obéir un jour à l'Allemagne, nous en avons assez de lui obéir depuis des milliers de jours. La vérité est que ce n'est ni l'Angleterre qui pousse la France ni la France qui pousse l'Angleterre contre l'Allemagne, mais l'Allemagne elle-même qui a fini par déchaîner contre elle tous ceux qui ne veulent plus ou qui ne veulent pas être enchaînés.

Liberté! Liberté! C'est aujourd'hui le murmure, ce sera demain le cri de l'Europe entière.

Polonais de Posnanie, Danois du Schleswig-Holstein, Français d'Alsace et de Lorraine, partout la main prussienne écrase les fronts et meurtrit les cœurs. Que l'annexion soit vieille d'un siècle ou qu'elle date de trente ans, nulle part elle n'a été, elle ne sera jamais nulle part, la fusion. De beaucoup plus intolérable que notre folle vanité française des temps héroïques, la morgue prussienne engendre l'aversion comme le mancenillier la mort. Ses poignées de main sont aussi brutales que ses coups de poing. Il n'est pas jusqu'à ses anciens alliés, jusqu'à ses plus vieux amis qui ne se montrent excédés de son altière domination sous laquelle perce et que dirige exclusivement l'intérêt personnel.

Les Russes qui ont, jadis, tenté de nous rapprocher du roi de Prusse, s'en sont violemment écarté depuis Moukden : les Italiens qui, selon la menace de Bismarck, rencontrent toujours à Trieste la pointe de l'épée de l'Allemagne, sont las d'une alliance qui n'a jamais été pour eux qu'une entrave, et quant aux Espagnols, ils ont échappé à l'intrusion et à l'inféodation germaniques grâce à la juvénile fierté de leur roi Alphonse XIII qui a secoué d'un geste dédaigneux la lourde main du Hohenzollern trop familièrement abattue sur son épaule.

Seule, la vieille vaincue de Sadowa, l'Autriche, soit par calcul, soit par crainte, semble promettre à son ancien vainqueur le concours de ses contingents bariolés et hétérogènes, dont quelques-uns pourraient bien ne pas répondre à l'appel du clairon prussien.

Jamais heure plus propice n'avait encore sonné et ne sonnera pour notre chère nation. Je ne veux pas dire qu'elle doive pour cela faire avancer l'aiguille sur le cadran européen, mais j'affirme qu'elle ne doit plus faire aucune génuflexion pour la retarder.

Le verbeux kaiser a eu la bonne grâce de nous avertir à maintes reprises qu'il tenait contre nous sa poudre sèche et son glaive aiguisé. Il ne saurait donc lui déplaire d'apprendre que de notre côté nous montons désormais la garde le fusil chargé et le sabre au clair.

M. de Bismarck nous a surpris et joués en 1870, M. de Bülow ne nous surprendra ni ne nous jouera en 1909.

Nos bataillons sont formés, nos citoyens sont en armes, nos sentinelles sont à leur poste.

Morts de Champigny, dormez en paix ! Espérez, frères d'Alsace-Lorraine. L'Allemagne a réveillé la France ! La France est debout ! Vive la France !

Décembre 1910.

PATRIOTES,

Quarante ans après les héroïques combats de Wissembourg et de Woerth, quarante ans après les désastres de Sedan et de Metz, quarante ans après les rudes batailles du Bourget et de Champigny, le cœur toujours endolori, l'esprit toujours navré, les yeux toujours fixés sur sa frontière mutilée, la noble, la grande, la vieille France n'a encore renié aucun de ses droits, déserté aucun de ses devoirs, abandonné aucun de ses enfants. Ah ! chère et généreuse Nation qui ne veut pas mourir ! avec quelle persévérance, avec quelle ardeur elle multiplie et prolonge les signes de sa vitalité patriotique ! Avec quelle foi en l'avenir elle entretient le souvenir du passé ! Comme elle sait bien honorer les martyrs de l'Année ter-

rible et encourager les soldats de l'Année venge-
resse !

Honneur à elle ! Honneur aussi à vous, Parisiennes et Parisiens, qui avez compris dès la première heure que si l'orgueil d'un peuple peut se
résigner à la défaite, il n'est permis ni à sa fierté,
ni à sa justice, ni à sa solidarité fraternelle
d'accepter la mutilation et la conquête.

Dieu merci, ce n'est pas Paris seul qui continue à s'émouvoir pour les sacrifiés de la guerre,
c'est toute notre France. C'est aux quatre points
cardinaux du pays que des voix éloquentes se
sont élevées, que d'émouvantes manifestations
ont eu lieu, que le patriotisme populaire s'affirme et se perpétue.

Hier encore n'inaugurait-on pas à Loigny un
nouveau monument commémoratif d'un des plus
magnifiques épisodes de notre lutte acharnée
contre l'invasion ? N'avons-nous pas aujourd'hui
à nos côtés, arrivée ce matin même de Bour-
gogne, une délégation des jeunes Patriotes de la
Côte-d'Or, venus tout exprès se joindre à nous
pour rendre hommage à leurs aînés glorieusement tombés au champ d'honneur et pour renouveler avec nous sur leur sépulcre le serment de
fidélité à la Patrie. Celui-là qui marche à leur
tête, celui-là qui fut jadis l'hôte cordial de mon
retour, après avoir été le cordial visiteur de mon
exil, le charitable et savant docteur Joseph Sotty
ne présidait-il pas à Dijon, voilà quelques se-
maines, une imposante cérémonie en l'honneur
des combattants de 1870 ?

Et combien d'autres villes, combien d'autres cités, combien d'autres bourgades en ont fait autant cette année. Jamais, à aucune époque, nos anniversaires douloureux n'ont été célébrés avec une piété plus fervente et plus unanime. Jamais nos irréductibles regrets n'ont été mêlés à plus d'espoirs, jamais de ce côté-ci comme de l'autre côté des Vosges, la protestation du Droit contre la force ne s'est exprimée avec une énergie plus résolue, avec une bravoure plus réfléchie, avec une volonté plus consciente.

Il me semble que, prenant à son compte et justifiant par la permanence de ses revendications la téméraire affirmation de Jules Favre, la nation ait eu à cœur, cette année surtout, de démontrer à l'univers qu'elle n'a en effet définitivement cédé à l'Allemagne ni une pierre de ses forteresses, ni un pouce de son territoire.

Le mot du général Saussier reste toujours vrai : « En France, l'amour de la Patrie est inextinguible. »

Le patriotisme français.

Et cependant, que de pelletées de sable, que de pelletées de cendres et parfois de boue ont été jetées sur cette flamme si pieusement ranimée, si fidèlement entretenue par des milliers et des milliers de bons citoyens comme vous, mes amis.

Que de troubles intérieurs, que de tentatives

corruptrices de conciliation franco-allemande, que de prédications malsaines ont passé sur vos têtes sans détourner un instant vos regards du but visé. Nos querelles et nos dissensions politiques ont bien pu desserrer par moment l'unité du patriotisme français ; elles ne l'ont jamais rompue.

Il faut, du reste, reconnaître impartialement — si difficile et si imprudente parfois que soit l'impartialité à travers tant de conflits qui s'entrecroisent et qui nous obsèdent, — il faut reconnaître que même sous cet antipathique régime parlementaire pour lequel personne n'éprouve moins de sympathie que moi ; avec ces pseudo-représentants du peuple qui le représentent souvent si mal ; même, enfin, malgré l'étrange composition de nos ministères bigarrés, il ne s'est jamais trouvé, il ne se trouverait pas encore, ni dans les assemblées du Parlement, ni dans les conseils du Gouvernement, une majorité capable de déserter la tâche rédemptrice et de jeter à nos frères séparés l'éternel adieu des lâches et des renégats.

Bien plus, telle qu'elle est, et si mal organisée qu'elle soit, notre demi-République, comme l'a baptisée un homme d'esprit, n'en a pas moins doté la Patrie du plus formidable instrument de combat que la France ait eu en mains depuis tout un siècle.

Laissons donc se lamenter dans le vide, au gré de leur impatience ou de leur colère, ces patriotes aigris qui, faute d'avoir vu réaliser leur

rêve dans les conditions et à la date voulue par
eux, en sont arrivés à se persuader, à déclarer,
à publier même, que c'en est fini de l'idée de revanche; que nos soldats ne se battront jamais
plus contre l'Allemagne et que l'armée actuelle
n'a désormais qu'à replier et qu'à enterrer ses
drapeaux ; oui, camarades, laissons ces dégoûtés
de la Gloire conter et raconter à tout venant leur
désespérance qui n'aura rien de contagieux ;
mais ne les laissons pas méconnaître, dénaturer,
déshonorer si faire se pouvait, l'historique figure
du premier, du meilleur, du plus tenace et du
plus fidèle des patriotes protestataires.

Et ne vous y trompez pas, en prenant en main
la cause de Gambetta, ce n'est pas lui seul que
je défendrai, c'est la démocratie elle-même.

Il ne faut pas que les peuples soient ingrats;
leur reconnaissance est la seule récompense, le
seul encouragement qu'ils puissent décerner aux
bons citoyens.

La défense de Gambetta.

Vous n'ignorez pas, en effet, qu'à la suite de
la publication d'un livre de mémoires où manque
un peu trop peut-être la mémoire du cœur, une
véritable campagne a été entreprise, je ne sais
dans quel but, ni au profit de qui, tendant à
nous montrer Gambetta comme un ami de l'Allemagne et comme un apostat de la Patrie.

C'est ici, Patriotes, c'est sur la tombe des défenseurs de Paris qu'il m'a paru juste et bon de relever l'accusation portée contre celui qui fut l'âme de la Défense nationale et qui est resté jusqu'au bout, je vous l'atteste, le plus Alsacien-Lorrain de tous les Français.

Car moi aussi, je l'ai connu, moi aussi, depuis le jour de mon évasion d'Allemagne jusqu'à la veille de la blessure qui devait l'emporter, moi aussi, à Tours, à Paris, aux Jardies, j'ai eu avec le grand tribun de nombreuses entrevues et j'ai, moi aussi, recueilli de ses lèvres de significatives paroles que je ne me contentais pas de noter au jour le jour, mais que je confiais, que je transmettais, que je répétais au sortir de nos entretiens aux bons Français qui m'entouraient, qui m'entourent encore à la Ligue des Patriotes, et dont le témoignage prouverait du moins que je n'ai pas attendu vingt-huit ans pour penser ce que je pense et dire ce que je dis de Gambetta.

Il est clair que le républicain catholique que je suis, — oui, Messieurs, très catholique quoique républicain, et très républicain quoique très catholique — n'a pas toujours approuvé tous les actes de la politique intérieure du chef de parti, mais il est certain que le patriote républicain que je serai toujours, était d'accord avec Gambetta sur toute sa politique extérieure.

Gambetta et Bismarck.

Qu'il ait cherché, comme on l'a déjà cent fois
redit, à se rencontrer officieusement avec le
chancelier de fer; qu'il ait cru utile à sa cause,
à notre cause, de se trouver face à face avec le
maître incontesté de l'Europe, alors germanisée;
qu'il ait voulu lire dans ses yeux, surprendre
dans son langage le secret de ses yeux, surprendre dans son langage le secret de ses redou-
tables volontés dans l'espoir orgueilleux peut-
être, mais non pas coupable, de tromper à son
tour le grand trompeur et de le renseigner au
rebours de la vérité, comme Thémistocle ren-
seignait Xerxès : cela est possible, cela est même
certain, et je ne l'ai jamais ignoré. Mais ma foi
absolue et raisonnée dans la solidité de son patriotisme, dans la puissance de son cerveau et
dans l'habileté de sa langue, faisait plus que me
rassurer sur cette prise de contact avec l'ennemi.
J'y voyais un motif d'espérer bien plus qu'une
raison de craindre.

Peu m'importaient, je l'avoue, les moyens dé-
tournés qu'il prenait et les relations suspectes
qu'il s'était créées pour en arriver à ses fins.

Est-il vrai que, moins confiant que moi, le bon
Spuller se soit indigné des fréquentations prussiennes de son ami; que l'honnête et pur républicain de 1848, M. Duclerc, s'en soit attristé;
que M. Jules Grévy s'en soit réjoui? Il ne m'appartient pas de confirmer ou d'infirmer l'authen-

ticité de ces anecdotes. Les morts sont morts et les vivants peuvent se tromper et nous tromper. Mais il y a les faits publics qui parlent plus haut que les confidences. C'est eux seuls qu'il faut envisager, et sur eux seuls qu'il faut raisonner.

Pourquoi, si Gambetta, reniant son passé, eût réellement songé à nous orienter vers l'Allemagne, nous a-t-il sans cesse préconisé l'alliance avec l'Angleterre?

Pourquoi s'il eût été partisan, comme on le prétend, de notre dispersion coloniale, conforme en tous points aux indications et aux intérêts de la Prusse, sa première préoccupation en arrivant à la présidence du conseil a-t-elle été de consolider notre situation militaire en Europe et de réorganiser notre mobilisation désorganisée par l'expédition de Tunisie; et cela, au risque même d'ébranler sa situation ministérielle devant le parlement par le choix du plus compétent mais du plus compromettant des collaborateurs, l'éminent général de Miribel?

Pourquoi, s'il était décidé à lier partie avec Bismarck, tous les diplomates prussiens, M. le prince de Hohenlohe en tête, ont-ils mis tant d'acharnement et de hâte à lui arracher des mains le portefeuille des affaires étrangères qui venait de lui être confié?

Pourquoi les intrigues de couloirs qui voulaient et qui allaient le jeter à bas donnaient-elles pour prétexte : Gambetta, c'est la guerre!

Pourquoi, s'il négociait sous main l'abandon

des provinces perdues, m'a-t-il personnellement poussé à fonder la Ligue des Patriotes et en a-t-il signé le premier la formule sacramentelle réclamant la revision du traité de Francfort?

Enfin, Messieurs, et pour appuyer sur d'autres faits moins connus, mais non pas moins prouvés, les motifs du respect et de la gratitude que les bons Patriotes doivent continuer à avoir pour ce grand patriote, pourquoi, dans la nuit qui précéda ses funérailles, lors de ma dernière veillée de larmes et de prières au Palais-Bourbon, pourquoi avons-nous vu le plus brave mais le plus sceptique et le moins crédule des batailleurs, le général de Gallifet, prendre tout ému des mains d'un Alsacien un bouquet venu de Strasbourg, gravir à grands pas les degrés du catafalque, soulever le drap mortuaire et déposer ces fleurs sur le bois du cercueil, juste à la hauteur du cœur de Gambetta? Quel sens aurait eu un pareil geste si Gallifet n'avait partagé de tous points ma certitude sur l'immuable pensée de l'irréductible protestataire?

Et le lendemain encore, sur le seuil du cimetière, au milieu de cette innombrable foule émue et émouvante, du haut de cette tribune tendue de noir où avaient déjà retenti tant d'éloges funèbres empreints de tant de sincérité et de tant de douleur, pourquoi le vénéré président de notre Ligue des Patriotes, l'historien national Henri Martin, a-t-il éloquemment protesté contre l'injustice et l'ingratitude de ceux qui accusaient Gambetta d'ambition personnelle, comme si, disait-il, comme si sa grande âme avait jamais eu une seule pensée qui se rapportât à lui et non à la France?

Faut-il croire, maintenant, que l'instinct populaire s'est grossièrement trompé dans son admiration et dans sa reconnaissance ; faut-il admettre qu'il n'y ait eu alors en France, qu'il n'y ait eu en Europe qu'une seule créature humaine qui ait pénétré les ténébreux et honteux desseins de ce faux patriote? et que Henri Martin, que Galliffet, que Hohenlohe, que Bismarck lui-même, pour ne parler que de ceux-là, qui considéraient également tous Gambetta comme l'apôtre et comme le champion de la revanche, n'aient été, les uns et les autres, que de simples aveugles et de naïfs illusionnistes incapables de discerner la réalité d'avec l'apparence?

Je laisse à votre bon sens le soin d'en décider, mais ce que je tiens à affirmer, à crier à pleins poumons et à plein cœur, du haut de cet ossuaire, c'est que mon aveuglement à moi est inguérissable, c'est que l'illusion de ma jeunesse et de mon âge mûr, restera la conviction de toute ma vie, et que le cri, ce cri jailli de l'âme de Gambetta, le jour de la distribution des drapeaux : « l'Alsace-Lorraine, il ne faut plus vivre que pour cela! » je l'ai écouté comme un oracle, je l'ai recueilli comme un vœu, et je vous le répète comme une prière.

Patriotes! Tout pour l'Alsace-Lorraine! Pitié pour elle! Justice pour elle! Délivrance pour elle! Vive l'Alsace-Lorraine!

Décembre 1911.

Patriotes,

S'il est entre, toutes les joies humaines, une joie qui ait le droit de se manifester même sur cet ossuaire, s'il est une réalité consolatrice dont l'évocation puisse faire tressaillir d'espoir les morts de 1870 au fond de leur tombeau, n'est-ce pas la résurrection indéniable, évidente de l'âme française.

En dépit d'odieuses propagandes, à l'encontre des excitations malsaines et des plus exécrables conseils, malgré les pires exemples d'égoïsme et de lâcheté, voici que des quatre points cardinaux de la Patrie s'est élevé, généreux et fort, pur et vivifiant, un immense souffle de bravoure, de patriotisme et de fierté.

Tel a été l'effet inattendu, ou plutôt le bienfait involontaire des successives et multiples provocations allemandes. Renvoi imposé du ministre Delcassé ; débarquement sensationnel de Tanger ; débauchage de déserteurs à Casablanca ; menaçant envoi d'un bateau de guerre à Agadir, le Kaiser n'a rien négligé pour attiser nos colères et raviver nos rancunes.

Grâces lui en soient rendues ! Car, cette fois, c'est à l'unanimité que le pays, sauf de très infimes et très infâmes exceptions, a compris quel ennemi arrogant, tyrannique et brutal nous avions devant nous et contre nous.

Du paysan de nos campagnes à l'ouvrier des villes, du petit employé au grand négociant, de l'artisan à l'industriel, de l'avocat au médecin, de l'étudiant au professeur, du soldat à l'officier, tous les Français de tous les milieux, de toutes les sphères, de toutes les opinions et de toutes les croyances se sont retrouvés debout, coude à coude, et cœur à cœur, résolus à en finir, décidés à combattre, prêts à vaincre.

Et ce n'était pas, cette fois, comme en 1887, au jour déjà réconfortant de l'affaire Schnaeblé, une bourrasque de colère et d'indignation ; ce n'était pas l'emportement sincère, mais fiévreux, d'une foule suivant éperdument — comme nous le suivions nous-mêmes — un jeune général populaire qui avait su redresser le pompon de nos soldats, ainsi que le disait si bien de lui le maréchal Canrobert.

Non ! non ! sans autre guide que son instinct, sans autre inspiration que sa conscience, sans autre intérêt que son honneur, la nation s'est tirée d'elle-même, et à elle seule, des fondrières de la politique intérieure où on l'embourbait ; d'elle-même et à elle seule, elle a brisé les barrières de haine derrière lesquelles s'évertue à nous parquer un gouvernement qui nous divise pour mieux régner et qui règne d'autant plus qu'il nous divise davantage ; d'elle-même et à elle seule, elle s'est résolument avancée vers le provocateur allemand, et, parmi ceux de ses fils qui marchaient le plus vite et le plus fièrement vers le devoir et le sacrifice, il faut saluer, il faut honorer, il faut remercier la jeunesse des écoles.

Quartier latin, quartier français ! ai-je dit souvent.

Avec quelle allégresse, avec quelle gratitude je le répète parmi vous, ce cri de félicitation et de vérité.

La jeunesse française

Rappelez-vous, compagnons et compagnes de nos premiers pèlerinages, croyants et croyantes de la Patrie, que je suis si heureux de retrouver ici et plus heureux encore d'y retrouver côte à côte avec tant de jeunes recrues ; rappelez-vous les appels, relisez les affiches, par lesquels les étudiants de tous les partis se donnent rendez-vous depuis deux ans aux pieds de la statue de Strasbourg ! Rappelez-vous leur intrépide et victorieuse campagne contre la représentation sur un théâtre officiel de l'œuvre d'un déserteur, que son récent enrôlement volontaire a bien pu absoudre, mais que sa jactance passée rendait véritablement impardonnable. Rappelez-vous l'insurmontable et énergique *veto* opposé par ces jeunes patriotes à l'inadmissible envoi de nos aviateurs à Berlin. Rappelez-vous, enfin, leurs éloquentes protestations d'hier contre la présence des bateaux prussiens à Agadir ; contre l'abandon du Congo ; contre l'obéissante longanimité du gouvernement de la République en face des insolences, des défis et des exigences germaniques.

Rappelez-vous tous ces bons et utiles services rendus à l'idée nationale et vous direz comme moi que la jeunesse française a bien mérité de la Patrie.

Pour moi, Messieurs, j'attache à ces manifestations spontanées de fierté juvénile, j'attache même à toutes les manifestations patriotiques dont je ne suis plus guère, depuis un an, que le spectateur ému et reconnaissant, beaucoup plus d'importance que je n'en attacherais au plus retentissant meeting organisé par la Ligue des Patriotes et présidé par son président.

Entendre parler comme je parlerais, voir agir comme j'agirais, sentir aimer la France comme je l'aime, il n'est pas de baume plus efficace, pas de plus puissant cordial pour mon incurable blessure de soldat vaincu et de Français dépossédé.

Pourquoi j'ai gardé le silence.

On s'est plus d'une fois demandé, n'est-il pas vrai, on m'a souvent demandé à moi-même pourquoi je gardais un silence si prolongé au plus fort de cette crise extérieure qui a fait battre si énergiquement le cœur de notre généreuse nation.

La raison en est justement que ce cœur battait à l'unisson du mien et que dès lors je ne pouvais qu'inutilement diminuer par mon intervention la valeur et la portée de ce réveil national, je ne pouvais que rendre suspect et comme entaché de parti pris l'unanime et incomparable élan de tout un peuple. Ne suis-je pas, en effet, baptisé par les Allemands : « Der Kriegsschreier » (le crieur de guerre), et les bénéficiaires satisfaits de la politique parlementaire, les chercheurs d'oubli, les coureurs de fêtes, n'ont-ils pas toujours pour premier soin de me représenter à l'étranger comme une malheureuse sentinelle isolée dans sa guérite tricolore et ne répandent-ils pas surtout le bruit que si ma voix se taisait, nulle autre voix ne s'élèverait plus en France pour pleurer l'Alsace-Lorraine et stigmatiser la tyrannie croissante de l'empire du milieu.

Dieu merci ! les discours, les harangues, et les clameurs mêmes de mes camarades, jeunes ou vieux, anciens ou nouveaux, ont hautement parlé pour moi qui ne parlais plus. Leur démenti en action valait mille fois mieux que toutes mes affirmations de foi française et leur geste de vaillance a plus fait que justifier mon inébranlable confiance dans la vitalité de la race et dans la continuité de la Patrie : ils l'ont attestée et consacrée.

Un pacte qu'on ne pouvait rêver pire.

Aussi, maintenant que la preuve est faite ; maintenant qu'il est avéré que mon pays n'a pas eu besoin de moi pour penser comme moi ; maintenant que les négociateurs d'une déplorable négociation ne peuvent plus accuser qu'eux seuls des mauvaises conditions d'un pacte qu'on ne pouvait rêver pire, je n'hésite pas à reprendre parmi vous mon poste de tribun et aujourd'hui même, du haut de ce monument où dorment leur sommeil de gloire, mes frères d'armes morts en combattant pour l'intégrité du territoire ; aujourd'hui, anniversaire des sanglantes batailles de Champigny où tant d'obscurs héros se sont fait tuer pour que la France vive ; aujourd'hui, veille du scrutin parlementaire d'où la grande mutilée de 1870 va peut-être sortir avec une nouvelle plaie au flanc, avec une nouvelle balafre au visage, je viens me solidariser publiquement, sans réserve, sans restriction, sans arrière-pensée, avec tous ceux qui, à quelque parti qu'ils appartiennent, trouvent aussi dangereuse qu'humiliante la rédaction du traité marocain ; avec tous ceux qui n'admettent pas que sous le prétexte d'un échange inexistant, les représentants de la France, qu'ils soient diplomates, ministres, sénateurs, ou députés, s'arrogent le droit de disposer comme d'une ferme d'une partie de notre patrimoine colonial et de céder à de nouveaux

maîtres, comme un troupeau, une peuplade
encore à demi barbare sans doute, mais qui,
toute ignorante qu'elle puisse être, n'en sait pas
moins qu'elle vit à l'ombre du drapeau français
et que la France a déjà recruté parmi elle de
nombreux soldats.

Le pacte de soumission.

D'ailleurs, n'en doutez pas, Messieurs, ce n'est
pas uniquement la fierté des Patriotes qui réflé-
chit et qui s'indigne.

« Pourquoi donner à ces allemands de la terre
qu'ils n'ont pas prise ? dit le bon paysan.

« Pourquoi leur livrer des êtres humains à mal-
traiter ? » s'écrie la philanthropie ouvrière ren-
seignée de longue date sur les us et coutumes
des conquérants prussiens. Et l'armée murmure
à son tour : « Pourquoi signer d'une main trem-
blante quarante ans après la défaite et après
quarante ans de préparation à la revanche, un
pacte de soumission que l'empereur allemand
n'avait ni la volonté ni même le moyen de nous
imposer par la force ?

Ah ! oui ! mes amis, la question est naturelle,
l'étonnement est légitime. Pourquoi toutes ces
choses inexplicables et que l'on voudrait bien
n'avoir pas à expliquer ? Pourquoi tant de con-
cessions et de cessions, tant de pactes publics et
secrets, tant d'entretiens confidentiels à voix

basse et à tête basse ? Pourquoi, hier même, cette exorbitante proposition faite à une assemblée délibérante de ne pas délibérer du tout et d'approuver, yeux fermés et bouche close, un traité où réapparaît cependant par trois phrases pleines de restrictions et grosses de conflits :

L'affaire du Maroc est une affaire.

Oui ! pourquoi tout cela, Camarades. Tout simplement, hélas ! parce que l'affaire du Maroc est une affaire ; parce que la République a le malheur d'avoir au sommet du pouvoir cet agent de décomposition sociale et de corruption publique qui s'appelle : Un homme d'argent. Parce que, comme son prédécesseur M. Rouvier, M. Caillaux, qui négocie les traités comme il négocierait des traites, croit que tout peut s'acheter, en conclut que tout peut se vendre, et vend de la terre française pour acheter de la paix allemande.

Voilà, en effet, les raisons circonstancielles de cette anormale situation, mais la raison primordiale, la cause première, est qu'il n'y a plus aucun idéal politique dans les sphères gouvernementales et que, selon le mot républicain de Louis Blanc à la veille de la Révolution de 1848 : « nos maîtres ont encouragé le culte grossier de l'or et se sont montrés indifférents aux aspirations élevées. »

Triste contestation d'abaissement, sur laquelle

Louis Blanc revenait encore et qu'il résumait dans ce verdict prononcé par lui au banquet de Dijon, vers la fin de Décembre 1847 : « Corruption ! s'écriait-il, corruption ! Voilà le mot du moment ! Il est vraiment impossible que ces choses-là durent ! Quand les fruits sont pourris, ils n'attendent que le passage du vent pour se détacher de l'arbre ! »

Ainsi, et dans un sens identique, parlait également, ce jour-là, Ledru-Rollin. Et Lamartine appréciant le lendemain ces deux discours les appelait « le tocsin de l'opinion ! »

Politique de cabinet d'affaires.

Ma prétention, Patriotes, n'est certes pas que le son de cloche que je suis venu vous donner du haut de ce sépulcre puisse avoir le même retentissement, la même portée, ni le même effet. Il ne dépend pas de ma seule main de sonner le glas d'un régime qui n'a de la république que le nom, de la démocratie que l'apparence, de l'égalité que l'étiquette, et qui n'est plus, — depuis quelques mois surtout ! — qu'un grossier amalgame d'oligarchie impotente et d'omnipotente anarchie. Hélas ! il ne dépend pas davantage de ma seule volonté de hâter l'heure de la délivrance.

Mais que mes paroles de blâme et de réprobation dérangent ou non toutes les combinaisons carthaginoises déjà en cours d'exécution ; qu'elles

enlèvent ou non des voix au président du conseil
d'administration de la République, de la République financière, ce n'est, en aucun cas, d'après
l'efficacité plus ou moins grande et plus ou moins
immédiate de mes discours que je juge l'obligation où je suis de les prononcer.

C'est pourquoi, poursuivant « quand même »
jusque sur le calvaire sacré ma tâche de mission-
naire volontaire ; continuant « quand même » ce
que le phraseur de Saint-Calais a si dédaigneu-
sement appelé ma politique de carrefour, —
laquelle vaut bien à tout prendre sa politique de
cabinet d'affaires et de conciliabules financiers, —
je répète qu'il suffit de lire et de relire le traité
marocain pour comprendre qu'il était inextrica-
ble et inapplicable. Il ne sera bon que le jour où
nous serons assez forts pour ne permettre à personne et aux Allemands moins qu'à personne, de
l'invoquer contre nous. Quant au traité congo-
lais, ce n'est ni plus ni moins que le résultat
d'un acte de chantage et qu'une signature extor-
quée, mise au bas d'un pacte de spoliation.

Les négociations avec l'Espagne.

J'adjure donc ici le petit nombre d'amis dévoués que je puis compter au Parlement, d'abord
de ne pas laisser une discussion rendue de plus
en plus nécessaire par le mystère même dont on
a cherché à l'entourer, ensuite de ne renforcer

sous aucun prétexte par aucun de leurs votes les votes approbateurs d'une majorité aveugle et soumise. Je les adjure au nom même de nos morts du Congo, tombés eux aussi au champ d'honneur comme nos glorieux morts de Champigny; et à cette supplication que je leur adresse avec instance, je joins ce conseil, qui est une prière, que, par simple loyauté et sans attendre l'inévitable pression de nos amis anglais en faveur de leurs amis espagnols, qu'en toute droiture et sans vouloir user un seul instant de l'outrageante permission que nous accorde l'Allemagne, de ne pas tenir compte de la parole donnée et de forfaire à nos engagements, ils réclament avant tout autre débat l'examen et la ratification intégrale des promesses inscrites et paraphées, elles aussi, dans nos divers traités Franco-Espagnols. Qu'ils fassent, en outre, comprendre à ceux qui, après avoir esquivé une guerre avec un peuple fort seraient parfaitement gens à ne pas redouter une campagne contre un peuple moins fort, à quel point une pareille attitude nous dégraderait à nos propres yeux et nous exposerait, bafoués et honnis, aux risées de l'Europe entière.

Ce que je vous dis là, Camarades, ce n'est ni ma crainte de l'Angleterre, ni mon amitié pour l'Espagne qui me l'inspire, c'est le souci du bon renom de mon pays et de la dignité de ma Nation.

Vous savez bien tous, et j'en atteste à mon tour pour mon propre compte et les morts qui

lisent dans ma pensée et les vivants qui écoutent
mes paroles, vous savez tous que je n'ai jamais
eu au cœur, depuis quarante ans, qu'une seule et
unique passion, et qu'un seul amour : la France !
Vive la France !

Décembre 1912.

RECONSTITUONS LA FRANCE !
LIBÉRONS L'ALSACE-LORRAINE !

A vous tous et à vous toutes, Français et
Françaises, toujours si nombreux, toujours si
assidus et si fidèles à ce patriotique pèlerinage,
merci d'abord ! merci et salut !

Quant aux vivats dont vous m'accueillez je
vous remercie également de tout mon cœur. Mais
je les interprète beaucoup moins comme un
vœu de santé et de longue vie que comme une
adhésion par acclamation au programme et aux
doctrines de notre vieille Ligue des Patriotes.

Un héroïque exemple.

Camarades et amis, ligueurs et ligueuses,

Est-ce que le premier coup de canon tiré dans les Balkans n'a pas excité en vous, comme en moi, tout un rêve de remords et d'espérance ? Est-ce que vous n'avez pas tressailli comme moi à ce sursaut inattendu de peuples opprimés, à cette revendication et à cette reprise miraculeuse de pays perdus depuis cinq siècles ? Est-ce qu'enfin vous n'auriez pas ardemment désiré comme moi voir et entendre le feu des fusils français se mêler glorieusement à cette magnifique révolte du Droit contre la Force, de la civilisation contre la barbarie, de l'indépendance contre la conquête !

Ah ! sans doute, Patriotes, ce vœu de guerre, ce souhait de bataille ne passe pas par mes lèvres sans déchirer mon cœur ; mais il faut savoir ce que nous voulons, il faut comprendre, comme l'ont compris les Serbes et les Bulgares, les Monténégrins et les Grecs, que la libération des Patries ne s'obtient jamais par de pacifiques négociations. Il faut le comprendre et le faire comprendre à qui l'oublie.

Ce n'est certes pas du haut de ce monument sous lequel reposent tant de nos frères, tant de nos parents, tant de nos amis, qu'il peut être légèrement parlé des douloureux sacrifices qu'exige toute lutte à main armée, mais c'est encore moins devant ces plaines, témoins de la vaillance inlassable et de la défaite imméritée de nos soldats de 1870 que peuvent être prononcées des paroles de renoncement et d'abdication.

Trop de sang français a coulé sur ce champ de bataille pour qu'il soit permis à qui que ce soit d'y élever un temple à la Concorde et d'y chanter des hymnes à la paix.

A Dieu ne plaise cependant que je rabaisse à une politique de vendetta la tâche sacrée vers laquelle je vous guide depuis tant d'années, à laquelle j'ai consacré ma vie et pour laquelle — j'en fais le serment! — ni l'âge ni les infirmités ne m'empêcheront de retourner au combat.

Non, mes amis, je ne prêche ni ne propage une politique de haine et de vengeance. Non! Si légitime qu'il puisse être, après les incendies de Bazeilles, les massacres de Châteaudun et le bombardement de Paris, l'esprit de représailles n'entre pour rien dans mes appels à la Revanche. De tous les sentiments, il n'en est pas de moins français que le ressentiment et les longues rancunes sont inconnues à notre généreuse nation.

J'ai bien pu, jadis, dans l'indignation de la première heure, au lendemain de la défaite, au lendemain de la conquête, jeter l'anathème sur la Prusse et sur les Prussiens. Mais la colère et l'animosité n'auraient pas duré quarante ans s'il n'y avait eu entre l'ennemi et nous qu'une blessure de fierté et qu'une plaie d'orgueil.

Fidélité à l'Alsace-Lorraine.

Notre nation, je le répète, ne sait pas haïr,
mais elle sait aimer. Les Alsaciens-Lorrains lui
sont cent fois plus chers que les Prussiens ne lui
sont odieux. Il y a longtemps que vous ne m'auriez plus écouté, longtemps que je me serais tu,
si la France de l'Année terrible n'avait été atteinte que dans son prestige militaire, si comme
le disent les bulletins de guerre, elle n'avait
perdu du monde que sur les champs de bataille.
Mais elle a perdu du monde, par le traité de
paix. Et ce que les patriotes regrettent le plus,
ce qu'ils voudraient ravoir à tout prix, ce sont
ceux de nos frères qui ont été la rançon vivante
de la Patrie, qui souffrent et que nous voyons
souffrir, à qui il est désormais interdit de parler
notre langue, en attendant qu'un décret d'expro-
priation pour cause d'utilité prussienne les dé-
pouille et les dépossède de leur sol et de leur
domaine, tout comme en ce moment même les
Polonais sont dépossédés et dépouillés de leurs
terres de Pologne.

Honte et malheur à nous si nous laissions jamais les oppresseurs des nôtres en arriver à ce
point d'oppression et d'iniquité !

Réparation d'honneur est peu de chose, reprise de territoire n'est rien, délivrance des populations est tout.

La dette de cœur, le devoir d'amour, l'obligation de justice, voilà le trépied vital de notre protestation. N'eût-elle que ces trois raisons d'être, elle ne saurait en avoir de plus forte, de plus inéluctable, de plus sacrée.

Cela est tellement vrai que, hormis ces prudents et perfides partisans de la fraternité des peuples qui aiment mieux fraterniser avec l'Allemagne que la combattre et répudier notre Patrie que la servir, personne aujourd'hui ne conteste plus la légitimité de nos immuables revendications.

Les Endormeurs.

Et cependant, camarades, il faut bien le reconnaître puisque cela est, les pires endormeurs ne sont peut-être pas ceux qui nous bercent avec leur chimère cosmopolite et leur rêverie de paix universelle. On ne les croit plus guère, ceux-là, et les violentes algarades de leur ami de cœur : Guillaume. Ils ont depuis longtemps réduit à néant les déclamations de ces faux apôtres de l'humanité. En réalité... Hélas, oui ! en réalité, les plus mauvais serviteurs de la Cause Alsacienne-Lorraine sont précisément ceux qui affirment lui être les plus dévoués. Il n'est pas un seul homme politique qui ne se targue hautement d'une pieuse fidélité pour nos frères séparés, pas un qui ne s'indigne et ne se révolte à l'idée d'abandonner les provinces perdues et je crois volontiers qu'il en est très peu qui ne soient pas de très bonne foi. Seulement, quand il s'agit de traduire leur bonne pensée en actes virils, quand il s'agit de profiter soit d'une des multiples incartades du Kaiser, soit d'une conflagration guerrière pour lancer le signal du combat. Oh ! alors leur enthousiasme les abandonne, leurs têtes se baissent et ce traité de Francfort, qu'ils prétendent détester, ils font tout pour n'avoir pas à le déchirer. Ainsi se perpétue la conquête, ainsi s'ajourne d'année en année la mise à exécution du grand devoir.

Ah ! je connais l'excuse, le prétexte, le refrain : Attendons que l'Allemagne nous attaque.

Autant dire : « Attendons que notre adversaire ait fabriqué de nouveaux canons, perfectionné son armement, augmenté son armée ; attendons que la disproportion, déjà grande, entre sa population et la nôtre devienne plus grande encore ; attendons que la situation de l'ennemi s'améliore tandis que deviendra moins bonne, sinon pire, la situation de la France ; attendons, en un mot, que maître de l'heure et sûr de son fait, l'empereur actuel ou l'empereur futur, reprenant le projet de guet-apens ourdi par Bismark en 1875, concentre mystérieusement les troupes allemandes sur la frontière, nous déclare la guerre à six heures du matin et envahisse la France à six heures dix.

Vœux patriotiques.

Est-ce à dire, Patriotes, que je souhaiterais que la République française ouvrit les hostilités du jour au lendemain, en violation du droit des gens et commit à son tour quelque abominable agression à la prussienne? Je n'ai pas et n'ai jamais eu cette pensée.

Ce que je voudrais, ce que nous devrions tous vouloir, alors que nous savons bien tous que le choc avec l'Allemagne est inévitable, c'est que nos dirigeants ne fassent pas tout pour l'éviter; c'est qu'ils profitent de l'heure où nos risques de défaites sont cent fois moindres et nos chances de victoire cent fois plus grandes, pour saisir les « casus belli » qui nous sont largement offerts chaque année par l'impérial impulsif de Potsdam.

Ce que je voudrais, c'est que notre diplomatie ne s'évertue pas à résoudre pacifiquement tous les conflits, alors que leur atermoiement n'a visiblement lieu qu'à l'avantage de l'armée allemande et qu'au détriment de l'armée française.

Enfin, ce que je voudrais, ou plutôt ce que j'aurais voulu — puisque, aussi bien, l'armistice est signé d'hier et que la paix le sera demain — ce que j'aurais voulu, c'est que, forts du réveil de nos cœurs et certains de la solidité de notre armée, nos hommes d'Etat eussent ouvertement déclaré, comme l'a fait l'Autriche, qu'ils étaient

prêts, eux aussi, à jeter dans la balance européenne ces dés de fer du destin dont parlait
Bismarck, et dont le poids eût fait cette fois pen-
cher le plateau du côté du Droit, de la Justice et
de la Liberté.

La politique vraiment française.

Notre neutralité, notre désintéressement, notre
inaction militaire, solennellement proclamés dès
la première heure, ont enlevé tout point d'appui,
sinon toute efficacité, à notre action diploma-
tique. En rejetant comme impossible tout re-
cours aux armes, nous nous sommes condamnés
nous-mêmes aux indications vagues et aux som-
mations sans portée.

J'ignore quels sont les motifs secrets de la politique intérieure ou extérieure qui ont réduit le
très honorable M. Poincaré à une attitude
si peu conforme à la netteté habituelle de son
esprit et à la fermeté incontestable de son patriotisme. Je l'ignore et ne chercherai pas à en savoir plus qu'il ne nous en a dit lui-même dans
son exposé de la situation européenne. Tout ce
que je demande aux diplomates qui vont parler
pour la France à ce Congrès de Londres, cousin
germain du boiteux Congrès d'Algésiras, tout ce
que je leur demande, c'est d'y affirmer que, bien
autrement troublante, bien autrement inquié-

tante pour l'Europe, et de beaucoup plus pres-
sante et redoutable que la question d'Orient, il
y a de par le monde une question d'Alsace-Lorraine. Et ils ne se tromperaient guère s'ils ajou-
taient que du règlement de cette question dépend
tout l'équilibre européen, et que ce n'est pas
cette fois une peuplade barbare et conquérante
qui en est le champion, mais une vraie Nation
ayant une Patrie réelle, mais un grand peuple
qui libérait, jadis, les autres peuples et qui est
résolu à se libérer lui-même et à reprendre par
les armes ce qu'il a perdu par les armes.

Ce que je dis là, pas un Français de France
n'oserait, ni ne pourrait le démentir. Si tels n'é-
taient pas, en effet, notre volonté sincère, notre
foi inébranlable, le principe de nos actes, le motif de nos budgets, si nous continuions à nous
lamenter sur notre mutilation sans rien tenter
pour nous en guérir, nous tomberions du coup
au rang de ces nations bavardes et impuissantes
chez qui les grands sentiments survivent quelque temps encore aux grands caractères, mais
sur lesquelles le prophète Mahomet a prononcé
cette suprême condamnation, que justifient si
bien les événements d'aujourd'hui : « Si tu refu-
ses de marcher au combat, Dieu te punira sévère-
ment. Il mettra à ta place un autre peuple ! »

Et quel autre peuple serait alors mis à la
place du peuple français !... J'en frémis d'avance
pour l'Europe et pour nous-mêmes. Demandez
aux Polonais, demandez aux Danois, demandez
aux Alsaciens-Lorrains de quelle brutalité, de

quel égoïsme, de quel intraitable orgueil est forgé le joug allemand ?

Nous sommes prêts.

Mais, à quoi bon nous livrer à ces inadmissibles hypothèses, alors qu'en dehors d'une poignée de renégats plus anarchistes encore qu'internationalistes, l'immense majorité des Français excédée par un demi-siècle d'alarmes et d'alertes, de provocations et de menaces, aspire à la paix réelle, à la paix durable, à celle que la victoire peut seule nous assurer et que peut seule rétablir la restitution de notre Alsace-Lorraine à la Mère-Patrie.

Entendez-moi bien, camarades, je ne suis pas un monomane de la guerre, je sais trop ce qu'elle coûte aux individus, aux familles et aux États, je ne suis même pas un ennemi acharné de notre ennemi. Je n'ai jamais dit, je ne dis pas de l'Allemagne ce que ce vieux Caton disait de Carthage : « Delenda est Germania ». Je dis : « Struenda Gallia ! » Il faut reconstruire la France, et pour cette reconstruction, je crois, je sais, j'affirme que les matériaux nécessaires sont d'ores et déjà rassemblés.

Nos incomparables artilleurs, nos aviateurs hors de pair, nos fantassins devenus d'habiles tireurs, nos cavaliers de plus en plus entraînés, ainsi que l'ont démontré leurs raids, nos sous-officiers instruits et vigoureux, les cadres de nos états-majors rajeunis et raffermis : outillages, outils et ouvriers de victoire, tout est prêt. La France n'attend plus que le metteur en œuvre.

Méfiance et confiance.

Messieurs, il y a un an, à pareille époque, alors que M. Caillaux présidait si déplorablement le Conseil des ministres, je ne vous ai pas caché la méfiance et le peu d'estime que m'inspirait cet argentier sceptique, ce Jacques Cœur sans cœur qui traitait les affaires de France comme une affaire, compromettait l'entente franco-anglaise et livrait allégrement au roi de Prusse les trois quarts de notre colonie du Congo. Vous ne vous étonnerez donc pas qu'avec autant de sincérité dans mon éloge que j'en apportais ce jour-là dans mon blâme, et toutes réserves faites pour un excès de prudence que je ne m'explique pas encore, j'affirme nettement toute ma confiance et toute mon estime pour notre ministre des Affaires étrangères, M. Poincaré, si bien secondé dans sa tâche par ses deux collègues de la Guerre et de la Marine, M. Millerand et M. Delcassé.

Si j'accouple ici ces trois noms, c'est qu'il est indéniable que ce sont les progrès considérables accomplis par notre armée de terre, par notre armée de mer, et par notre armée de l'air qui vont permettre à nos plénipotentiaires de parler haut et de parler net aux congressistes londonniens.

Ainsi convaincu comme je le suis, que nos relations extérieures et nos organisations militaires sont en bonne mains, je ne chercherai pas à deviner ni à pronostiquer les intentions du gouvernement.

Mon devoir de président de la Ligue des Patriotes était de rappeler une fois de plus nos vœux irréductibles pour la délivrance des provinces livrées ; mon devoir de soldat sera de courir à la frontière au premier signal, comme l'ont fait hier nos braves réservistes des marches lorraines ; mon devoir de citoyen est de ne rien faire et de ne rien dire qui puisse gêner notre négociateur en chef dans ses négociations.

L'invasion.

Personne ne sait mieux que M. Poincaré le motif et le but des entretiens de l'archiduc Ferdinand d'Autriche avec le pangermaniste Guillaume II ; personne plus que lui n'est au courant des hésitations de l'Italie, des aspirations de la Serbie, des droits de la Grèce, des revendications des Monténégrins et des secrètes visées du tsar de Bulgarie ; personne enfin n'est plus à même de savoir ce que veulent et ce que peuvent la Russie et l'Angleterre, ce que peut et veut l'Espagne. C'est donc à lui, le président du Conseil, à lui, le ministre des Affaires étrangères et le chef du gouvernement qu'il appartient d'agir au mieux de l'honneur, des intérêts et du relèvement de la Patrie.

Si lourde que soit sa tâche, j'ai la conviction que ce bon lorrain n'y faillira pas.

Mais c'est à nous, Patriotes, de fortifier ses résolutions par notre énergie, d'enhardir ses volontés par notre confiance, de seconder ses efforts par notre esprit de sacrifice et de dévouement.

Quant aux sophistes du patriotisme, à ces conditionnels de la bravoure qui n'admettent qu'une guerre défensive et ne consentiraient à se battre que contre l'envahisseur, expliquez-leur que c'est précisément la défense nationale qui continue, expliquez-leur que tout aussi longtemps que Metz et Strasbourg, Colmar et Mulhouse sont aux mains de l'ennemi, il y a invasion.

Ce n'est pas parce qu'elle a duré longtemps que cette invasion est plus tolérable. Ce n'est pas parce que nous n'avons pas su la repousser depuis quarante-deux ans qu'il nous faudrait la supporter à tout jamais.

La guerre de cent ans nous avait dépossédés plus longtemps encore de notre patrimoine national, et nous ne l'en avons pas moins recouvré au cri de ralliement poussé par notre immortelle Jeanne d'Arc :

« Boutons l'étranger hors de France ! »

Appel à l'union nationale.

O mes amis ! répétons-le bien haut cet appel de la patronne des envahis !

Empruntons-le lui, son fier mot d'ordre !

Mais pour bouter le conquérant hors de sa conquête, pour rendre leur Patrie aux expatriés, commençons par imposer silence à nos misérables querelles politiques, signons la trève du bien public, entr'aidons-nous et entr'aimons-nous.

L'union nationale, la concorde civique, la solidarité fraternelle, tout est là, il n'est encore meilleurs alliés, ni plus sûrs amis que nous-mêmes. Pour la reprise de notre territoire et de nos droits, de notre indépendance et de notre rang, ni l'alliance russe, ni l'entente anglaise ne vaudront jamais ce que vaudra l'alliance Franco-Française.

N'ayons plus qu'une seule volonté, qu'un seul but et une année ne se passera pas sans que l'Alsace-Lorraine redevienne française, sans qu'elle réapparaisse dans tout son éclat, dans toute sa grandeur, dans toute sa gloire.

Vive la France libre !

Vive l'Alsace-Lorraine libérée !

Et, osons dire le mot qui ne nous fait pas plus peur que la chose :

Vive la Revanche libératrice !

Paris. — Imp. Paul Dupont (Cl.). Thouzellier, D[r].

www.ingramcontent.com/pod-product-compliance
Ingram Content Group UK Ltd.
Pitfield, Milton Keynes, MK11 3LW, UK
UKHW022111070726
13613UKWH00003B/1002